그 속에서 놀던
모든 순간이 봄이었다

# 그 속에서 놀던
# 모든 순간이 봄이었다

택리지 지음

테라코타

## 들어가는 말

『그 속에서 놀던 때가 그립습니다』라는 책을 출간한 이후 어린 시절을 떠올리게 만드는 추억 이야기로 팍팍한 일상에 지친 몸과 마음에 위로가 됐다는 말을 많이 들었다. 이 책의 제목은 이원수 작사, 홍난파 작곡의 동요 '고향의 봄'의 가사에서 따왔다. 사실 이 제목보다 『친구들과 그 속에서 놀던 때가 그립습니다』라는 제목을 붙이고 싶었다. 그만큼 친구들과 놀던 그때가 너무 좋았고 강렬했기 때문이다. 그래서 이 책은 『그 속에서 놀던 때가 그립습니다』의 두 번째 이야기로 어린 시절 친구들과 함께한 추억의 장면들을 담았다.

나는 지금도 친구를 무척이나 좋아한다. 친구와 점심 약속을 하면 그날 오전은 그냥 기분이 좋고 마음이 설렌다. 철학자 발타자르 그라시안은 "친구를 갖는다는 건 또 하나의 인생을 갖는 것이다"라고 말했다. 친구와 보낸 시간이 차곡차곡 쌓여 또 하나의 삶이 되기 때문일 것이다.

어린 시절 멋모르고 장난치며 지냈던 친구들은 특별했다. 가난한 동네의 가난한 아이들이 산과 들로 뛰어다니고, 흙 속에서 뒹굴며 개천에서 멱을 감았다. 순진무구한 얼굴, 정겨운 사투리로 웃음을 자아내는 순간들이 나를 행복하게 만들었다.

지금도 생생하게 기억나는 일화가 있다. 친구들과 다방구를 하고 있었다. 술래였던 병현이 나를 쫓고 있었다. 그가 살짝 나를 터치했고, 나는 잡힌 상황이었다. 하지만 나는 터치당하지 않았다고 우겼다. 사실 딱히 입증할 방법도 없었지만, 막무가내로 우기는 나에게 질려 버린 그는 나더러 '씨우기 왕'이라고 했다. 경상도 사투리로 이렇게 우기는 걸 씨운다고 한다.

한번은 딱지 따먹기를 하고 있었다. 나는 형이 전수해 준 '밑장 넣기' 기술로 딱지를 모조리 다 땄다. 흔히 타짜들이 하는 방법은 밑장 빼기인데, 나는 반대로 유리한 딱지를 슬쩍 집어넣는 방법으로 온 동네의 딱지를 다 차지했다. 심지어 친구들의 용돈까지도 가지게 됐다.

친구들은 전부 다 알고 있었을 것이다. 그러한데도 아주 영악한 나를 따돌리지 않고 친구로 받아 줬고, 유년 시절을 함께 보냈다. 옆집의 형찬이도 마찬가지다. 나 때문에 피해를 볼 때도 많았지만 그도 나를 멀리하지 않았고 단짝 친구로 늘 붙어 다녔다.

돌이켜 보면 나는 친구 복이 많았다. 대학 시절의 친구들이 특히 그랬다. 국민학교(1996년 '초등학교'로 명칭 변경) 시절과 중고등학교 시절의 친구들도 부족하고 흠 많은 나를 감싸주고 내 편이 되어 주곤 했다.

어린 시절에 겹겹이 쌓인 추억은 그리움이 되고, 그 그리움은 가슴 뛰는 행복과 연결해 주는 고리가 된다. 철없던 시절을 함께 보낸 친구들과의 추억을 되살리는 순간은 내겐 큰 기쁨이었다. 그래서 이 글을 쓰는 내내 기억이 새록새록 되살아나서 친구들과 함께한 순간이 내 인생의 봄날 같았다.

이 책이 누군가에게 유년 시절 친구들과 만든 소중한 추억을 떠올리게 해서 행복한 기운을 북돋아 주고 고단한 삶의 쉼터가 되기를 소망해 본다. 이 책이 출간되는 데 가장 큰 도움을 준 건 역시 친구임을 밝히며, 그들에게 고마운 마음을 전한다.

## 차례

들어가는 말 _____ 006

### 첫 번째 이야기
### 그냥 옆에만 있어도 좋은 사람 _____ 012

그리움의 맛 | 리어카 놀이 | 그들과 걸어가면 꽃길이 따로 있을까 | 둘이 하면 재미도 두 배 | 이 뽑기의 악몽 | 85점 시험지를 들고서 | 등굣길, 두 개의 그림자 | 노트와 연습장 | 칙칙폭폭 기차 소리 | 형찬이네 우물 | 사랑방선물 캔디와 풀 요리 | '지탈'의 추억 | 산불을 내다 | 우리 동네 TV | 통닭은 추억을 싣고 | <어깨동무>와 <소년중앙> | 허풍쟁이 | 물건 욕심 | 눈싸움 | 구렁이 | 세상에서 가장 맛있는 국화빵 | 골든키 아이템풀 | 하늘 높이 콩콩 | 원더풀 미나리 | 신화가 된 사나이 '전우' 나시찬 | 미스터리 괴물 | 읍내 나들이

### 두 번째 이야기
### 행복은 추억을 타고 온다 _____ 082

웅이네 복숭아 | 기억은 각자의 상상력이다 | 천주교 신자가 된 재영이 형 | 추억 부자 된 정월 대보름날 | 귀여운 술주정 | 까르르 웃음 선물 | 보물 같은 존재 | X맨은 누구일까 | 묘한 배신감 | 분서갱유 사건 | 영선이 누나 | 자전거를 탄 희생양 | 매를 키운 형들 | 간발의 차이로 놓친 딸기 | 전력질주의 순간 | 오래달리기 달인 | 정히 형의 괴력 | 여덟 살의 흑역사 | 싸움대장 | 바람의 아들

### 세 번째 이야기
### 사소하지만 소중한 것들 ——— 142

책걸상의 대화 | 가문의 영광 | 위험한 망각 | 그녀는 예뻤다 | 결국 인생은 평균으로 수렴한다 | 1등이 뭐라고 | 대원동의 영숙이 | 희한한 삼 남매 | 두 명의 영호 | 육개장 사발면 | 고소한 도넛 | 오래된 의문 | 선착순 선발 | 수호의 발리킥 | 모나리자 박미라 | 착한 개구쟁이 | 처음 여자 손을 잡다 | 국가대표급 골키퍼 | 창세의 자전거 타는 법 | 일곱 개 나무로 이뤄진 이름 | 공중에 뜬 자전거 | 그 악당이 너였어? | 신박한 물건 | 한판 승부 | 미궁에 빠진 분필 사건 | '오백룡' 선생님 | 봉곡의 칼 루이스

### 네 번째 이야기
### 함께한 모든 순간이 봄이다 ——— 220

각양각색 주법 | 찔레꽃 붉게 핀 날 | 세상 참 좁다 | 구해줘! 영기 | 악몽의 축구 시합 | 유선이의 모전여전 | 뺨 때리기 | 거북이 등처럼 갈라진 손 | 수학여행 | 5학년 독서왕 | 친구들의 먹이사슬 | 눈빛이 살아 있네 | 마지막 몸짓을 나누자 | 홍보석 같은 석류 알 | 신기한 에스컬레이터 | 인과응보 | 답안지의 비밀 | 사람의 인연 | '김명덕' 흉내 내기 | 러브레터 | 이상의 날개 | 아! 옛날이여 | 독도는 우리땅 | 넘사벽 1등 | 빙그레 요플레 | 날다람쥐 소년들 | 니가 왜 거기서 나와? | 싸움 서열 1위 | 나의 화가 친구 | 탁월한 구기 종목 유전자 | 무협에 빠지다

"뭐라고? 너도 그래? 나만 그런 줄 알았는데"라는 말을 주고받는다면 친구가 된 거라고 한다. 어느 순간 말하지 않아도 무엇을 하고 싶어 하는지 무엇을 싫어하는지 아는 사람이 옆에만 있어도 좋은 게 아닐까.

첫 번째 이야기

그냥
옆에만 있어도
좋은 사람

## 그리움의 맛

선산시장의 입구 쪽에 풀빵 가게가 있었다(풀빵은 국화빵이다. 우리 동네에서는 국화빵이라고 부르지 않았고 풀빵이라고 불렀다). 선산 정류소 방향에서 선산슈퍼 옆쪽으로 난 입구로 들어가면 오른쪽에 있었다. 왼쪽은 선산연쇄점이 있었다. '연쇄'라는 이름이 참 특이하다고 생각했다. 그곳에 권계화가 근무했었다. 결혼 전 거기 갔다가 계화를 만나서 인사를 했었다.

선산시장의 풀빵 가게에서 풀빵을 사 먹은 건 중3 때가 처음이자 마지막이었다. 그날은 코에 난 종기를 치료하기 위해 옥성면 보건소에 가는 날이었다. 왜 옥성면까지 가야 했는지는 지금도 의문이긴 하다. 그때는 우리 동네가 옥성면에서 선산읍으로 편입이 된 후였다. 그리고 선산읍에도 보건소가 있었고 거기가 더 크고 시설도 좋았을 것이다. 더구나 옥성면 보건소는 버스를 20여 분이나 타고 가야 했다. 버스도 자주 있는 게 아니었으니 사서 고생하는 느낌이었다. 아무튼 가기 직전에 풀빵을 사 먹고 있는데, 하송에 사는 고모 딸 민숙이가 친구들과 지나가다가 우리와 마주쳤다. 두 명의 친구들과 함께였는데 엄마가 통 크게 샀다.

그전부터 풀빵을 사서 먹지 않고 만들어서 먹었다. 풀빵 틀을 옆집의 형찬이네가 갖고 있었기 때문이다. 그 틀만 있으면 생각보다는 만드는 게 어렵지 않았다.

일단 적당한 물에 밀가루를 넣어서 잘 섞어 준다. 한참 동안 휘이휘이 저어 주면 밀가루 반죽이 묽게 만들어진다. 그걸 주전자에 담는다. 이때 사카린을 듬뿍 넣어서 단맛을 낸다. 설탕은 너무 비쌌기에 가성비가 좋은 사카린을 넣는다.

문제는 팥이었다. 팥을 직접 끓여서 만들어야 했다. 그 당시 슈퍼에서 안 팔기도 했지만, 팥 농사를 지어서 팥은 구할 수 있었다. 그런데 팥이 준비 안 되면 그냥 팥소 없는 풀빵을 만들어서 먹었다. 그것도 꽤 맛있었다.

어른들이 있을 때는 제대로 된 풀빵을 만들어 먹었지만, 우리끼리일 때는 그냥 밀가루만 사용해서 풀빵을 만들어 먹었다. 풍로 위에 풀빵 틀을 올리고 심지에 불을 붙인 다음 틀에 콩기름을 발랐다. 주전자에 담긴 밀가루 반죽을 부은 후 몇 분을 기다리면 끝이었다.

우리 집에 풀빵 틀만 있어도 왠지 든든했다. 풀빵을 함께 구워 먹던 그때 그 시절이 그립다. 시간이 지날수록 그 그리움은 옅어지지 않고 더 짙어진다.

# 리어카 놀이

리어카는 손수레로 아주 쓰임이 많았다. 농사일이든 집안일이든 리어카가 있어서 참 편리했다. 경운기가 보급되면서 리어카의 용도가 많이 줄기는 했다.

리어카가 생각날 때마다, 늘 떠오르는 장면들이 몇 개 있다. 먼저 손도끼를 들고 이웃을 위협했던 아저씨 내외가 떠오른다. 그 부부는 비교적 젊은 편에 속했는데 이른 아침에 부부가 리어카를 끌고서 농사일을 하곤 했다. 비싼 경운기를 살 형편은 못됐을 것이다. 그 아저씨는 종종 사라지곤 했는데 그게 가출이었을 것이다. 1~2년 뒤에는 나타나서 열심히 일하다가 또 안 보이곤 했다.

형건, 형찬, 지민 삼 남매와 우리 집 사 남매는 그 집 리어카로 재미있게 놀았다. 동네에서 우리 집 올라오는 길은 제법 경사가 있었다. 그 경사진 길에서 우리 일곱 명이 리어카를 타고서 빠른 속도로 내리달았다. 솔직히 굉장히 위험하기 짝이 없었다. 다행히 다치지 않았다. 그냥 길옆의 논에 리어카와 함께 처박히곤 했다. 다들 내동댕이쳐지면서도 깔깔대며 놀았다. 긴장감 넘치는 놀이였다. 어린 시절 그때만큼 유쾌하게 놀았던 적이 있었을까 싶었다. 아무도 다치지 않았다는 것이 기적에 가까울 만큼 위험하게 놀았다.

6학년 때의 한 장면이 떠오른다. 아마도 6월이나 7월이었을 것이다. 장마철이었을 듯싶다. 그날은 토요일이었고 청소 당번이 봉곡 애들이었다. 확실히 기억나는 친구는 달수, 병현, 나, 그리고 창세도 있었을 듯싶다. 대충 네다섯 명이었다.

   청소가 다 끝나고 다들 집에 가고 우리만 남아 있었다. 그날 비가 제법 왔지만 아랑곳하지 않았다. 아니 오히려 비가 와서 더 재미를 느꼈다. 지금은 넓지도 않은, 하지만 그때는 더없이 넓은 운동장을 내달렸다. 비에 흠뻑 젖은 채로. 그렇게 한참 미친놈들처럼 깔깔대며 놀았다. 하지만 그 놀이의 끝은 안타까운 사고로 마무리됐다. 운동장의 구석에 있던 미끄럼틀에서 일이 생겼다. 비가 와서 더 번들번들해진 미끄럼틀은 더욱 속도가 붙어서 긴장감이 넘쳤다. 그때 병현의 발이 무언가에 베였다. 제법 피가 많이 났고 그날 빗속의 질주는 그렇게 끝이 났다.

그냥 공터만 있으면 놀 만한 게 무궁무진했던 그 순수했던 날들은 사라져 버렸고, 대부분 친구들은 기억하지 못한다. 나 혼자만 간직한 기억일지도 모른다. 지나간 시간이 소중하게 느껴지는 추억 보정장치가 있다고 한다. 나도 이제 반백 살이 됐지만 이 보정장치가 있어서 힘든 일은 잊고 지나온 시간은 아름다운 기억으로 마음속에 간직하는 게 아닐까.

## 그들과 걸어가면 꽃길이 따로 있을까

난 코스모스를 좋아한다. 아니 사랑한다. 꽃이 참 예쁘기도 하지만 코스모스에 얽힌 많은 추억이 있기 때문이다. 코스모스 한 송이는 화려한 장미, 백합, 그리고 모란 등에 비하면 초라하기도 하고 꽃의 크기도 작다. 그냥 야생화 같은 느낌이다.

국민학교 3학년 무렵에 학교에서 봉곡삼거리 부근(2년 후배, 임재홍 집이 있던 곳. 그곳에는 큰 소나무 몇 그루와 묘가 있었다)까지 선생님의 지도하에 우리는 길가에 코스모스를 심었다. 물도 흠뻑 뿌렸다.
  코스모스는 뾰족뾰족한 씨를 뿌려 놓으면 되는데, 우린 어린 코스모스 모종을 직접 심었던 거 같기도 하다. 아무튼 그해 가을 코스모스는 잘 자라줬고 예쁜 꽃들이 피었다. 흰색, 빨간색, 그리고 분홍색이 어우러진 코스모스 꽃길을 우리가 만들어 낸 것이다.

수많은 꿀벌이 그 꽃들의 꿀을 노리고 날아들었다. 난 종이 집게로 꿀벌을 잡아서 엉덩이 부분의 침들을 빼내곤 했다. 많을 때는 십수 마리의 침을 제거했다. 형찬이와 둘이서 벌을 잡느라 거의 지각할 뻔한 적도 있었다. 벌을 잡다가 한두 번 쏘였던 거 같기도 하다. 결국 난 4학년 때 말벌 세 마리의 협공(?)을 받아 죽을 뻔했고, 중3 어느 날 새벽 방 안에 있던 말벌에게 인중을 쏘여 3년 개근을 놓치는 복수를 당했다. 착하게 살아야 했다.

어느 시인은 "하늘하늘 흔들리는 코스모스 꽃길이 아름다운 것은 꽃과 더불어 잎도 줄기도 기쁘게 흔들리기 때문이다"라고 했다. 이 아름다운 꽃길을 친구들도 모두 걷기를 기도해 본다.

## 둘이 하면 재미도 두 배

어릴 적 아이스케키 장수와 엿장수가 동네에 오면 왠지 마음이 설레었다. 그리고 맞바꿔 먹을 게 있으면, 없어도 뭔가를 만들어서 아이스케키와 엿을 바꿔 먹곤 했다.

아이스케키 장수는 오토바이를 타고 왔고 뒷자리에 옅은 하늘빛 냉장고(그냥 스티로폼으로 만든 거라 냉동 효과가 약했음)를 싣고 왔다. 나는 가운데 위 뚜껑을 열고 얼른 아이스케키를 꺼낸 후 닫았다. 재수 없으면 하드가 좀 흐물거리기도 했다.

그래도 엿장수가 더 자주 왔던 거 같다. 엿장수에게 돈을 주는 경우는 거의 없었고 집에 있는 빈 병과 비료 포대를 물물교환했다. 지금도 이해 안 되는 게 비료 포대가 상당히 가치가 있었다는 것이다. 그냥 비닐인데 그 포대의 가격을 높게 평가해 줬다. 좀 두꺼웠고 튼튼했던 거 같기는 하다. 하긴 이 비닐포대를 눈썰매로 활용하곤 했을 정도였다. 빈 비료 포대가 없으면 비료 포대의 비료를 다른 데에 부어 놓고 그 포대를 엿장수에게 갖다 바쳤다.

엿도 크게는 두 가지 종류가 있었다. 한 가지는 엿가락 모양이었고, 다른 한 가지는 시루떡 마냥 넓은 판에 엿판이 있었고 엿장수가 넓적한 칼과 가위로 툭툭 잘라서 줬다. 난 후자가 훨씬 맛있다고 생각했다. 그리고 엿가락은 위생적으로도 안 좋다는 소문이 있었다. 엿장수가 엿가락을 만들 때 잡아당기고 꼬면서 손에 침을 '퉤퉤' 뱉으며 만든다는 썰. 믿거나 말거나….

그런데 이 엿장수 아저씨가 정말 자기 멋대로 엿을 잘라 준다. 어떤 엿장수는 엿 서너 가닥을 줬고 어떤 엿장수는 한두 개만 주고 말았다.

문제의 그날, 아주 인색한 엿장수를 만났다. 예상했던 양의 절반밖에 안 줬다. 엿장수는 대충 봐도 50대로 보였는데 순진하고 어린 우리는 아무 소리 못 하고 비료 포대와 엿을 교환하곤 입이 툭 튀어나온 상태로 뒤돌아섰다. 진짜 화가 났다.

약간 거리가 멀어졌을 때, 우리는 엿장수한테 온갖 욕을 하고 집 옆의 대나무숲으로 도망치기로 모의했다. 뒤돌아서서 욕을 퍼붓고 필사적으로 대나무 숲으로 숨어들었다. 대나무 숲은 제법 빽빽해서 밖에서 보면 안이 거의 보이지 않았다. 그래도 혹시나 보일까 봐, 바닥에 바짝 엎드려서 엿장수의 움직임을 엿보았다. 처음에는 엿장수가 우리를 따라오고 있었는데, 중간에 마음이 바뀐 듯했다. 우리를 잡기 힘들 거로 생각했을 수도 있고, 잡아 봐야 뭐하겠나 싶었을 것 같다. 무엇보다도 리어카에 실린 귀하디귀한 엿들을 누가 훔쳐 갈지도 모를 일 아닌가?

나와 형찬이는 바깥이 잠잠할 때까지 기다렸다. 한참 지난 다음에 그 숲에서 빠져나왔다. 참 운수 없는 날이었지만 형찬이와 함께라서 두 배로 재미있었다.

## 이 뽑기의 악몽

어릴 때 정말 싫었고 무서웠던 게 바로 이를 뽑는 거였다. 지금도 잊을 수 없는 장면들이 있다. 국민학교 1, 2학년 무렵이었다. 엄마와 아버지는 구미공단에 다니고 계셨다. 보통은 3교대 근무였다. 사실, 이게 사람 환장하게 만든다.

간호사 업무가 고되다고 하는데 제일 힘든 것 중 하나가 3교대라고 들었다. 보통 직장인들처럼 아침 9시~오후 6시 근무하는 게 얼마나 좋은 것인 줄 모르는 사람들이 많다. 난 군대 시절에도 3교대의 고된 생활을 2년 7개월 동안 지켜봤다. 다행히 난 3교대를 한 적이 없다. 내 보직이 행정병이었기 때문이다.

동기나 선·후임들은 저녁 먹고 근무에 들어갔다. 그리고 아침 일찍 근무를 마치고 잠을 잤다. 그리고선 푹 자는 게 아니라 점심 무렵 일어나야 했다. 졸병은 식당 일을 해야 했고 고참들은 대부분 그 작업에선 제외됐으나, 식후 오후 작업은 전원 참석해야 했다. 고작 하루 3~4시간만 잘 뿐이다. 다행히 작업이 없다면 오후에 낮잠을 잘 수 있었다. 그런 날은 희한하게도 몸 상태가 좋은 선임들이 축구하자고 운동장에 모이게 했다. 그래도 이건 노는 거니까. 아무튼 졸병들은 그렇게 구르고 굴렀다. 늘 피곤함에 지쳐 있었다.

 아무튼 3교대 근무했던 부모님, 특히 엄마는 밀린 집안일 하느라 잠을 푹 주무신 날이 없었다. 모내기나 벼 베기 등의 농번기에는 더욱 몸이 혹사당했다.

공단행 버스는 곧 출발하는데 엄마는 나 때문에 빨리 집을 나서지 못했다. 흔들리는 이를 뽑아야 하는데, 나는 무섭다고 요리조리 도망 다녔던 거다. 엄마의 속은 까맣게 타들어 갔을 것이다. 정말 철없는 녀석이었다. 어차피 뽑아야 할 이였는데….

 이가 흔들리면 이를 뽑아야 한다고 믿었다. 늦게 뽑으면 '덧니'가 난다고 했다. 그건 의학적 사실이 아니라고 들었다. 이를 뽑는 게 어마어마한 공포였다. 그 이유는 '조선시대'식의 이 뽑기였기 때문이었다. 흔들리는 '이'를 '실'로 묶었다. 그리고 이마를 빡 치면서 뺐다. 아니면 실을 철로 된 방문 문고리에 걸어두기도 해서 누군가 문을 확 열면… 이렇게 해야 무서워할 틈도 없이 쏙 빠질 거라 믿었기 때문이다.

 사정이 이렇다 보니 이가 흔들리면 정말 무서웠다. 그리고 이갈이가 다 끝난 5학년 무렵이 정말 좋았던 거 같았다. 세상 둘도 없는 공포가 해결된 느낌이었다. 뽑은 이는 꼭 지붕에 던져야 했다. 그래야 좋은 이가 다시 난다고 믿었다.

이렇게 생난리를 치면서 이를 뽑지 않고. 그냥 치과 가면 아주 쉽게 뽑을 수 있었다. 시골에서는 읍내의 치과 가는 게 사치였다. 신문물을 일찍 받아들인 형찬이네는 치과에서 이를 뽑았다. 그걸 한참 후에야 알았다. 형찬이는 이를 뽑는 걸 별로 무서워하지 않은 듯했다. 그리고 제때 뽑아서 치열이 가지런하다고 생각했다.

주사 한 방 맞는 것도 무서워할 나이에 그토록 야만적인 방법으로 이를 뽑아야 했던 일은 다시 생각해도 겁난다. 그런데도 가난했던 시절이 떠오르는 건 그 시절을 함께 했던 가족과 친구, 그리고 추억이 담긴 공간이 있기 때문이 아닐까.

# 85점 시험지를 들고서

내 성적은 4학년 4월까지는 평범했다. 그런데 5월엔 시험 성적이 잘 나왔다. 4월까지는 평균 70점대였는데 5월에 본 시험 성적이 예상외로 괜찮았다. 대충 기억하기로 점수가 평균 85점대였다.

공부를 늘 못한다고 생각했고, 낮은 성적에 대해 콤플렉스를 갖고 있었다. 그런데 이렇게 성적이 껑충 뛰자 놀랐고 가슴이 벅차올랐다. 그걸 마구마구 자랑하고 싶었다.

그 시험지를 들고 자랑하고 싶었던 대상은 부모님도 아니었고 형 누나도 아니었다. 형찬이였다. 하교 후 오후 4~5시 무렵, 형찬이네로 갔다. 대문은 닫혀 있어서 쪽문을 밀어 보니 열렸다. 그런데 인기척을 살펴보니 아무도 없었다.

상당히 실망스러웠다. 가슴은 마구마구 뛰는데 형찬이가 없어서 이 기쁜 소식을 전할 수가 없었다. 형찬이는 1등은 못했지만 늘 2~3등 수준을 유지했고 대충 90점대 점수는 받았던 거 같다. 그래서 나를 경쟁자로 절대 여기지 않았을 거다. 그냥 '녀석 좀 하네' 하는 생각을 할 거 같았다.

공교롭게도 내 성적이 오르자 두 사람의 성적이 내려가기 시작했다. 한 사람이 누나였고 또 한 사람이 형찬이었다. 아무 상관관계는 없었지만 희한하게 그랬다. 나의 상승 곡선과 누나의 하강 곡선은 누나의 담임이었던 진정애 선생님의 눈에 띄었다. 그래서 그 이야기를 4학년 우리 반에 와서 애들이 있는 데서 하곤 했다.

형찬이는 공부를 정말 잘했던 형건이 형한테 많이 비교당하고 치였던 것 같다. 결국 형건이 형은 경북대 인문계 수석으로 입학했고, LG화재(현 KB손보) 구미지점에서 일하고 있다.

지금도 4학년 5월에 그 놀라운 반전이 왜 일어났는지 알 수가 없다. 말벌에 쏘여 죽을 뻔했던 탓이었을까? 아니면 새벽에 봤던 유성의 기운에 힘입은 탓일까? 눈에 보이지는 않지만, 긍정 에너지가 몸과 마음에 충전됐던 것 같다. 좋은 기운이 모이는 느낌이었다.

# 등굣길, 두 개의 그림자

우리 집에서 덕촌국민학교까지의 거리는 대략 4킬로미터라고 생각했다. 그런데 구글 어스로 다시 측정해 보니 정확히 3킬로미터로 나온다. 3킬로미터를 걸어서 통학한다는 건 요즘 세대 기준으로는 말도 안 될 거다. 하지만 70~80년대 초반까지만 해도 당연한 일이었다. 그나마 고학년이 됐을 때는 상당수 학생이 자전거로 통학했던 듯하다.

아무튼 4학년이었던 1981년 5월까지 나는 그 먼 길을 형찬이와 늘 함께 다녔다. 그 흙길에 차가 지나가지 않는 것만으로도 다행이라고 여기던 시절이었다. 그리고 그 길가에 코스모스가 피어 있던 계절엔 꽤 다닐 만했다. 서둘러 가야 하는 등굣길에서도 나와 형찬이는 종이로 만든 집게로 무수한 꿀벌들의 벌침을 빼내는 여유까지 부리곤 했다.
 그때 종종 우리 옆에서 우리를 비추던 태양의 그림자들을 보곤 했다. 아마도 아침 8시 이른 시간이었으므로 그림자는 꽤 길었다. 우리가 걷는 길 아래는 대개 평평한 논이었다. 그 논바닥에 나와 형찬이의 그림자가 드리웠다.

형찬이가 나보다 약간 더 컸기에 형찬이의 그림자가 나보다 훨씬 더 길게 느껴졌다. 그리고 나와 형찬이의 머리 모양이 유난히 내 눈에 들어왔다. 내 머리의 그림자는 거의 계란 모양이었던데 반해, 형찬이의 머리는 둥근 편이라서 좀 더 멋있었다.

나는 늘 스포츠머리로 짧게 깎았기에 윗머리와 아랫머리의 길이가 거의 비슷했고, 또 머리를 거의 감지 않았기에 머리가 딱 달라붙은 형태였다. 그래서 그림자 모양이 거의 완벽에 가까운 계란 모양이 됐다.

반면, 형찬이는 내 기억에 동네 이발소, 정욱이 아버지에게 머리를 깎았던 것 같지는 않았다. 아마도 선산의 이발소 또는 미장원에서 머리를 깎아서 그런지 스타일이 달랐다. 지금 생각해 보니, 머리의 형태보다는 헤어디자이너 또는 이발사에 의해 그 차이가 생긴 듯싶다. 가령 스포츠머리는 절대 아니었고, 귀 밑은 다소 짧게 그리고 윗머리는 좀 길게 남겨둔 듯했다. 좀 과장하자면, 역삼각형에 가까운 스타일 같았다. 무엇보다 큰 차이를 만든 건 머리 감기였을 거다. 형찬이는 자주 감은 듯했고, 머리가 엉겨 붙는 일은 없었으며 다소 윤기가 나 있었던 듯하다.

이도우 작가의 《날씨가 좋으면 찾아가겠어요》라는 소설이 있다. 소설 제목처럼 나도 형찬이에게 이번 겨울 날씨가 풀리기 전에 내려가겠다고 약속했다. 뱀이 겨울잠에서 깨어나기 전에 옛집과 바로 옆의 나무숲에 가 보고 싶었기 때문이다.

## 노트와 연습장

국민학교 때는 거의 모든 학용품을 학교 정문 앞의 점빵(구멍가게의 경상도 사투리)에서 샀다. 뭐 종류는 많지는 않았지만, 한두 가지의 선택은 가능했던 거 같다. 아마도 친구들은 대부분 같은 노트, 아니 '공책'을 갖고 있었다.

내가 좀 충격 아닌 충격을 받은 건 형찬이의 공책들이었다. 너무 고급스러웠기 때문이다. 그건 점빵에서 접할 수 있는 것들이 아니었다. 알고 봤더니, 새 학기가 시작되면 형찬이는 선산 읍내로 나갔던 거다. 그리고 그날 한 꾸러미의 공책들을 갖고 왔다. 형찬이에게 부러운 건 한둘이 아니었지만, 그땐 그 공책들이 제일 부럽긴 했던 듯하다. 4학년 5월에 형찬이가 대구로 전학을 가면서 그런 부러움은 사라졌다. 비교 대상이 사라진 듯했다.

중학생이 됐을 때, 고3이었던 형의 조언을 듣게 됐다. 형은 어디에 가면 더 싼 노트를 살 수 있는지 잘 알고 있었다. 형이 그런 노하우를 많이 아는 듯 보였다. 형의 결론은 '서부슈퍼'였다.

서부슈퍼는 당시 선산에 몇 개 안 되는, 제대로 된 슈퍼 중 하나였다. 위치는 선산여중고 앞쪽에 있는 이문동이었다. 거기 안쪽 구석에 갔더니 역시나 노트들이 제법 많이 진열되어 있었다. 약간 낡아 보였는데 확실히 가격은 쌌다. 한동안은 거기서 노트를 샀던 듯하다.

나중에는 다 귀찮고 거기서 거기라는 생각이 들었다. 그래서 제일 편한 단계슈퍼로 바꾸었다. 단계슈퍼는 단계천 옆이었고, 선산중고 올라가는 사거리 코너라는 기막힌 명당자리에 있었다. 거기 주인 부부는 아마도 30대로 비교적 젊은 나이였다. 슈퍼는 좀 정리도 안 된 편이라 지저분했다. 하지만 가까운 곳에 있어서 굳이 다른 데 갈 필요도 없었다. 사실 가격 싼 곳을 찾아다닐 정도의 부지런함도 없었다.

노트는 학기 초에 한 번만 사면 됐지만 연습장은 그렇지 않았다. 줄이 그어져 있는 연습장도 있었고 그냥 백지인 연습장도 있었다. 아마도 줄 연습장이 비싼 듯했다. 나는 거의 백지 연습장만 샀다. 그리고 흰 종이 연습장도 있고, 좀 누런 종이 연습장도 있었다. 당연히 좀 더 싼 누런 종이 연습장을 샀다.

영어단어를 열심히 쓰면서 외우거나 수학 문제를 많이 풀게 되면, 연습장을 일주일도 못 넘겨 다 쓸 일도 있었다. 연습장이 새카맣게 될 정도로 참 성실하게 살았던 시절이다. 지금 생각해 봐도 내 인생 최고로 열심히 공부했던 시기였다. 그 이후 내가 그렇게 최선을 다해 살았던 적이 있었나 하는 자문을 하곤 한다.

# 칙칙폭폭 기차 소리

어릴 적에 '기찻길 옆 오막살이' 노래는 많이 불러봤지만 기차나 기찻길을 본 기억은 별로 없다. 선산에서 20여 킬로미터를 나가면 구미역이고 서쪽으로 20여 킬로미터를 달리면 김천역이 나온다. 내가 열 살 무렵에 사 남매가 울산의 고모님 댁에 놀러 갈 때 비둘기호를 처음으로 타 봤다.

3학년 무렵의 일로 기억한다. 형찬이와 지민이가 놀라운 발견을 한 양, 헐레벌떡 달려왔다.

"지금 기차 소리가 들린다고!"

"엉? 기차 소리가 왜 들려?"

형찬이가 귀 기울여 들어 보라고 한다.

놀랍게도, 저 앞뜰(평야) 쪽에서 희미하게나마 칙칙폭폭 비슷한 소리가 들리기 시작했다. 우리끼리 아주 신기하게 생각했다. 여기서 기차 소리를 들을 수 있는 게 아무리 생각해 봐도 이상하긴 했다.

어른이 되고 한참이 지난 후에 어린 시절의 그 기차 소리의 비밀이 풀렸다. 포상 앞뜰과 선산 앞뜰은 아주 낮은 고개를 사이에 두고 구분되어 있었고, 선산 앞뜰 뒤편으로 경부선이 놓여 있었다. 거리는 상당히 멀다. 하지만 이렇다 할 소음이 없던 시절이기도 했고, 어스름한 저녁 무렵은 더 조용한 법이지 않은가? 그 틈을 비집고 저 멀리서 기차 소리가 들려온 것이다.

말도 안 되는 일이 벌어졌다. 우리 덕촌국민학교 뒤편의 산중턱을 지나 포상 앞뜰을 지나는 중부내륙고속도로가 놓이게 된 것이다. 정말 상전벽해라는 말이 딱 어울릴 법했다.

포상 앞뜰의 너른 평야를 대충 2 대 1로 갈라놓는 왕복 4차선 고속도로가 생겨 버렸다. 아마도 많은 논이 수용당했을 것이다. 우리 집의 유일한 세 마지기 논은 수용당할 뻔했으나 살짝 비켜 나 있었다.

봉곡의 북서쪽으로도 경북선(김천-영주)이 있었다. 무을면을 살짝 지나 작은 고개를 넘으면 옥산역이다. 이용자가 워낙 없어져서 지금은 산업용으로나 쓰일까 싶은 철도다.

경부선과 경북선이 살짝 비껴 있기 때문에 개발과는 거리가 멀었다. 그 덕분에 좀 더 조용하고 옛날 풍경이 많이 남아 있음에 감사해야 할까?

## 형찬이네 우물

시골집에서는 대부분 우물이 하나씩 있게 마련이다. 우물이 없는 집은 불편을 겪었다. 수돗물이 보급되기 전까지 우물이 없다면, 물이 필요할 때마다 옆집의 우물을 빌리거나 마을의 공동우물이나 도랑이든 개울의 물을 써야 했다.

우리 집에는 우물이 없었다. 우물이 필요 없어서 우물을 안 팠거나 아니면 있던 우물을 메웠을 듯하다. 우리 집을 지을 때는 모든 동네 집에 수도가 깔렸기 때문이다. 그런데 아주 가끔 수돗물이 안 나올 때가 있었다. 추운 겨울 전날 밤에 수돗물을 찔끔찔끔 나오게 살짝 틀어 놓는 걸 깜박했을 땐 수도가 얼어서 우물이 정말 아쉬웠다.

형찬이네는 우물이 앞마당에 있었다. 나중에는 우물이 있던 자리에 펌프를 설치해서 겉으로는 우물이 없는 듯했다. 그리고 바로 집 앞의 논에 두 개의 우물이 있었다. 위쪽에 있는 우물 둘레에 어른의 허리 정도까지 둥근 시멘트를 발라 놓았다. 우리는 머리를 앞으로 빼서 우물 안을 쳐다보곤 했다. 어떤 날에는 꽤 큰 금붕어가 돌아다니고 있었다. 그 금붕어가 왜 거기 있는지 궁금했다. 우물물이 필요할 때는 아쉬워도 그 물을 떠다 쓰곤 했지만, 그 물을 마시지는 않고 씻거나 다른 용도로 사용했다.

바로 아래의 논에도 우물이 하나 있었다. 그 우물은 좀 무서웠다. 우물가에 이렇다 할 벽이나 돌이 없었다. 그냥 평평한 땅에 푹 꺼진 우물 같은 느낌이었다. 집 앞의 우물과는 달리 아래가 전혀 보이지 않았다. 물이 더러울 리는 없었지만, 얼마나 깊은지, 우물 안에 뭐가 있는지 가늠이 안 됐다. 혹여 발이 미끄러져서 그 물에 빠지면 큰일 날 수 있었다.

아마도 국민학교 5학년 무렵의 일이다. 동네 어른들이 우물 안의 물고기를 잡으려고 경운기의 양수기를 이용하여 그 물을 빼냈다. 그날 동네 장정만 20여 명이 모여 있었다. 물고기가 상당히 많을 것으로 예상했던 것 같다.

그 우물의 깊이가 대략 4~5미터에 불과했을 듯한데, 그날 잡은 물고기의 양은 어마어마했다. 주로 붕어였던 것 같다. 하도 많아서 내게도 한 마리의 큼직한 붕어를 줬을 정도다. 두어 다라이에 가득한 물고기를 담아 와서 아마도 매운탕을 끓여 먹었을 것이다.

 그때 내가 걱정했던 건, 동네 어른들이 잡은 민물고기로 회를 쳐서 먹을까 하는 것이었다. 당시 학교에서 1년에 한 번 이상은 기생충 교육을 받았다. 사진들이 정말 끔찍했다. 민물고기를 익혀 먹지 않아서 간디스토마, 폐디스토마에 감염되기도 했고, 무릎에 무슨 기생충이 가득한 사진이었다. 잡은 그 물고기를 혹시나 회를 쳐 먹지는 않을까 조심스럽게 훔쳐봤다.

 그 많던 물고기들은 저절로 생겨났을 리도 없고, 그 우물에 물고기를 풀어 놓았을 리도 없다. 아마도 여름 장마철에 그 거센 물결을 거슬러 올라오다가 논으로 들어오고 연결된 우물 속에서 둥지를 튼 듯했다. 연어 수준은 아니지만 대단한 물고기의 힘에 또 놀랐다.

## 사랑방선물 캔디와 풀 요리

 국민학교 3학년 늦은 봄, 또는 이른 여름의 일이다. 나, 형찬이, 우식이, 그리고 지민이 이렇게 넷이서 꽤 깨끗하고 부드러워 보이는 풀들을 채집했다. 그리고 그걸 우물물에 깨끗이 씻어 단단한 차돌로 빻았다. 거기다가 소금과 설탕을 조금 뿌렸다.
 처음부터 그걸 먹을 생각은 없었다. 그런데 작업이 진행될수록 그 맛이 궁금해졌다. 먹음직스럽게 보이기까지 했다. 살짝 맛을 봤다. 먹을 만했다. 넷이서 조금씩 나눠 먹었다.
 그래도 양이 좀 많았다. 먹을 만했지만, 굳이 다 먹고 싶지는 않아서 그걸 어딘가에 담고 싶었다. 마침 형찬이는 아주 좋은 용기를 하나 갖고 있었다. 바로 사랑방선물 캔디통이었다.
 그 당시, 해태의 '허브큐'와 롯데의 '사랑방선물 캔디'가 인기가 있었던 듯하다. 캔디는 다 먹고 남은 빈 깡통이 있었다. 그 깡통에 남은 풀 요리(?)를 넣었다. 그리고 몇 시간 뒤 열어 보니, 보암직했던 비주얼은 사라졌고, 색깔이 변해서 다 버렸던 듯하다. 두세 시간의 노력 끝에 만든 요리였지만 어쩔 수 없었다.

   지금은 너무나 흔해 빠진 락앤락 용기 등이 넘쳐나고 한 번도 사용 안 한 채 버리는 용기도 있다. 1980년대 당시에는 그런 용기나 비닐봉지조차 귀했다.

어떤 작가가 "뭐라고? 너도 그래? 나만 그런 줄 알았는데"라는 말을 주고받는다면 친구가 된 거라고 말했다. 우리 넷도 그땐 그런 얘기를 나누었고, 어느 순간 말하지 않아도 무엇을 하고 싶어 하는지 무엇을 싫어하는지 아는 사이가 됐다.

# '지탈'의 추억

'지옥 탈출'이라고 아는가? 줄여서 '지탈'이라고도 한다. 혹시 모르는 사람을 위해 설명을 하면 술래가 수건 등으로 눈을 가린 후 나머지 사람들을 잡거나 터치하는 놀이다. 당연히 좁은 공간 또는 방에서 한다.

주로 우리 집 안방에서 했다. 그것도 옆집 삼 남매와 함께했다. 옆집의 방은 아주 작았다. 그에 비하면 우리 집 안방은 비교적 넓었다. 그리고 우리 부모님은 구미공단에 출근할 때가 많아서 우리 집은 눈치 볼 어른이 없다는 장점이 있었다.

술래를 정한다. 그 술래의 눈을 수건 또는 스카프 등으로 잡아매 가린다. 술래더러 하라고 하면 느슨하게 잡아매서 살짝 보이기도 했기에 다른 사람이 술래의 눈을 안 보이게끔 단단히 가렸다.

방에는 벽에 붙여 놓은 장롱 말고는 없기 때문에 숨을 공간은 거의 없다. 그래서 술래를 피해서 살금살금 도망쳐야 했다.

술래는 모든 감각을 동원해서 나머지 사람들이 어디에 있는지 가늠하여 손과 발을 휘둘러서 잡아야 한다. 그냥 손만 대도 된다. 술래의 손에 닿은 사람이 술래가 된다. 아주 빠르게 피할 수도 있다. 숨소리, 발소리를 최대한 내지 않아야 한다. 대담하게 술래의 뒤에서 따라다니며 술래의 방심을 노리기도 한다.

구석으로 몰렸을 때가 압권이다. 술래는 포위해 오고 빠져나갈 구멍은 없다. 술래가 양팔을 내밀고 다가올 때 그 팔의 아래쪽 말고는 탈출구가 없을 때가 있다. 빠르고 정확하게 타이밍을 잡고 민첩하게 움직여야 한다. 이때는 정말 심장이 마구마구 요동쳤다. 그만큼 재미도 엄청났다.

이건 지금 해도 엄청 재밌는 놀이다. 그 방이 좁을수록, 참여자가 많을수록 그 재미는 배가된다. 모두 50대가 된 칠총사(우리 집 사 남매, 옆집 삼 남매)가 마음먹고 만나서 한번 해 보면 그때의 추억이 새록새록 돋아날 것 같다. 이렇게 형제와 친구가 있다는 건 또 하나의 인생을 갖게 된다는 의미가 아닐까.

# 산불을 내다

지금 생각해도 참 아찔한 기억이 있다. 4학년 때, 단짝 친구인 형찬이와 뒷산 중턱에서 불장난했다. 작은 구멍을 팠고 거기다가 불을 지폈다. 공기가 통하지 않으니 잘 타지 않았고 연기만 풀풀 났다.

아주 작은 계곡 가장자리에 '머리카락 풀'에다 불을 붙였다. 혹시 불이 나도 둘이서 충분히 끌 수 있을 거로 자신했다. 그런데 갑자기 바람이 세게 불면서 우리의 예상을 뛰어넘는 상황이 생겼다. 불이 거짓말처럼 두세 평 규모로 순식간에 퍼진 것이다.

처음에는 필사적으로 끄려고 발로 푹푹 밟았다. 그런데 꺼지지는 않고 오히려 더 번지는 게 아닌가? 우리 둘은 겁이 덜컥 났고 일단 도망쳤다. 몇 발짝 못 가서 뒤를 돌아보니 겁나게 번지던 불의 기세가 누그러진 듯했다. 둘은 용기를 내어 다시 불길을 잡기 시작했다.

더 이상 바람이 불지 않아 어렵지 않게 불을 껐다. 만약 나

혼자였다면, 그냥 도망쳤을 것이다. 형찬이가 있었으니 불길을 잡은 것이다. 만약에 불이 났다면 우리 문중의 산은 홀라당 탔을 것이고, 아버지가 경찰서로 잡혀갔을지도 모를 일이었다. 그다음부터는 불장난하지 않았다. 지금 생각해도 천만다행이라고 생각한다.

종종 산불이 났다. 한번은 형찬이네 밭 옆의 야산에 불이 났다. 여기는 동네에서 아주 가까운 곳이었다. 작지 않은 불이었지만 동네 어른들의 신속한 대응으로 불길을 빨리 잡았고 큰 피해는 없었다. 불을 진화했을 무렵 우리는 불구경(?)을 갔다. 그때가 국민학교 5학년 무렵이었는데, 불을 껐던 어른 한 분이 대뜸 "네가 불냈지?" 하고 물었다. 그 어른은 농담 삼아 던진 말이었을 텐데, 나는 내가 범인이 아니라고 항변했고 확실한 알리바이를 말했다. 범인은 아랫동네의 4년 선배인 정수 형이었다.

6학년 때 동네 친구들과 함께 하교하는 길이었다. 그날은 어찌된 일인지, 평소 다니던 신작로로 오지 않았다. 포상동 앞쪽의 너른 들 쪽으로 둘러왔다. 그때 우리 동네 뒷산 봉우리 부근에 불길이 보였다. 산꼭대기 부근이었고 거기는 우리의 산소들이 있는 험한 곳이었다. 산꼭대기 쪽이라 불이 더 번지진 않았고 몇 시간 만에 진화됐다.

그 무렵 다리를 지나기 전에 오른편 밭이 있었다. 그곳에는 나이 든 아주머니와 젊은 아들이 함께 밭농사 일을 하고 있었다. 그 아들이 대뜸 우리더러 "저 산 위의 불을 너희들이 냈지?" 하는 것이다. 참 어이없는 사람이다. 우리는 말도 안 되는 말에 진지하게 대꾸했다. 그 아저씨는 다 모른 척해 줄 테니 대신 여기 일을 도우라 했다. 아니, 자기 밭일을 지나가는 국민학생들에게 시키는 건 무슨 경우인가 싶었다. 아저씨가 무서워 일을 거들려고 했으나 그 어머니가 그냥 가라고 해서 얼른 도망쳤다.

종종 산불이 나서 큰 피해를 보는 걸 뉴스를 통해 보게 된다. 그걸 진화하느라 고생하는 소방대원과 공무원들이 안쓰럽고, 그분들에게 고마운 마음이다.

이렇게 고마운 분들에게 살면서 몇 번이나 진정으로 '감사합니다'라고 말해 봤을까? 더 늦기 전에 마음에서 우러나온 고마움을 말로 표현해 봐야겠다.

# 우리 동네 TV

1978~1979년 그 당시에 우리 동네에는 TV가 귀했다. 두 종류의 집이 있었다. TV가 있는 집과 없는 집. 우리는 후자였고 옆집 형찬이네는 전자였다. 정말 눈치를 보면서 그 TV의 황홀한 영상을 감상했다. 그것도 정도껏 해야 했다. 그래도 형찬이네는 평상을 준비해서 비교적 편하게 볼 수 있게 배려해 줬다. 그때는 형찬이네 대문에 착 달라붙어서 집 안의 동정을 살폈다. TV를 보고 있으면 쓱 들어가서 같이 봤다. 반면 TV를 보고 있지 않으면 크게 실망해서 집으로 돌아왔다.

당시 TV는 귀중품이었기에 TV에는 죄다 미닫이문이 있었다. 그 문을 좌우로 열어야 보석 같은 브라운관이 보였다. 브라운관 오른편에는 채널 손잡이가 있었고 그걸 좌우로 돌렸다. 그 아래에 음량을 조절하는 스위치가 있었다. 지금처럼 리모컨이 있었다면 참 편했을 텐데, 아랫목에 잘 자리 잡고 있다면 엉덩이를 들고 무릎걸음으로 2미터 전진해서 채널을 돌리는 게 여간 귀찮은 일이 아니었다. 채널을 돌릴 때마다 지지직거리는 그 소리조차 나쁘지 않았다.

TV는 금성사(LG)가 먼저 만들었다. 1966년에 만들었다니 참 대단하다. 물론 흑백이었고 가격이 6만 8,000원(쌀 27가마 값)이었단다. 그것도 공개 추첨으로 당첨된 사람만이 살 수 있었다. 그러다가 사돈인 삼성이 1970년에 TV 시장에 뛰어들었고 두 사돈은 건널 수 없는 강을 건너 버렸다.

1975년에 삼성이 치고 나갔다. 그 유명한 이코노TV를 출시했고, 1976년에는 컬러TV까지 먼저 생산했다. 박정희 전 대통령은 컬러TV를 불허했다. 전두환 전 대통령이 1980년에 허가하기 전까지는 수출만 했다고 한다. 그리고 금성과 삼성의 박빙의 승부는 계속됐다. 기술의 금성, AS의 삼성. 승부의 추는 어이없게도 금성의 노조 때문에 삼성으로 기울었다. 1987~1989년 극심한 노사분규로 삼성이 저 멀리 앞서 나갔다.

1980년대 대구, 경북에서는 귀에 딱지가 앉을 정도로 보고 들은 광고가 '시민소리사'와 '신광소리사'였다. '시민소리사'는 삼성TV, 신광소리사는 금성TV를 팔았다. 1970년대까지는 라디오, 축음기 등 전자제품을 수리하던 가게를 전파사라고 했는데, 대형 전파사라는 뜻으로 소리사라고 했던 거 같다(대구

방천시장에서 고 김광석 부친이 번개전파사를 해서 이후 김광석거리가 생겼다).

여전히 TV는 삼성이 앞서 나간다. 하지만 기술은 금성이 좋은 듯하다. OLED TV는 여전히 금성만이 만들고 있으니 삼성 다니는 친구들은 반감이 있을 수도 있으나 역시 가전은 금성인 듯하다.

이렇게 과거를 기억하는 것은 1970년대 그 시절을 그리워하며 동심으로 돌아가고 싶은 마음 때문이 아닐까.

## 통닭은 추억을 싣고

나는 본의 아니게 채식주의자로 살았다. 거의 19년을. 어머니 때문이었다. 어머니는 채식주의자였다. 물론 아버지는 바깥에서 고기를 드셨다. 집에서는 고기반찬을 볼 수 없었다. 하긴 돈이 없어서 고기를 사 먹을 형편이 아니기도 했다.

내가 맛본 육식은 생선과 소시지 정도. 고등어나 갈치는 가끔 먹을 수 있었다. 소시지는 김밥에 들어가니까 1년에 최소 네 번은 먹었다. 봄, 가을 소풍, 어린이날, 가을 운동회날이면 김밥을 싸 가는 게 국룰이었기 때문이다.

형찬이네는 꽤 잘 먹었다. 그렇게 부유한 편은 아니었으나 교육열도 굉장히 높았고 자식들에게 이것저것 챙겨 먹였던 거 같다. 1년에 몇 번은 형찬이와 동생 지민이가 가느다란 닭 뼈를 입에 물고선 우리 집에 왔다.

이미 살코기는 다 뜯어 먹었다. 그런데 그 뼈가 진미라는 거다. 뼈를 부러뜨리고 뼛속의 골수(?)를 쪽쪽 빨아 먹었다. 나와 동생 우식이는 그냥 구경만 했다. 그때만 해도 고기를 먹어 본 적이 없어서 그 맛을 몰랐다. 하지만 굉장히 궁금했고 맛있을 거 같았다.

아마 그날 형찬이네 집에서는 선산시장에서 튀긴 통닭을 사 왔을 것 같다. 살코기는 야무지게 뜯어 먹은 후 긴 다리뼈를 하나씩 후식으로 먹고, 남은 뼈로 닭곰탕을 끓여 먹었을 것이다.

## 〈어깨동무〉와 〈소년중앙〉

국민학교 저학년 때는 그 존재조차 몰랐던 〈어깨동무〉, 〈소년중앙〉. 언제부터인가 형찬이네에서 〈어깨동무〉를 구독하기 시작했다.

월초였을까? 아마도 월말이었을 거다. 보통 월간지는 며칠 정도 일찍 발간하는 게 관례니까. 아무튼 형찬이네 삼 남매가 다 읽고 나면 하루 이틀 빌려서 보기도 했고, 기회가 되면 그들이 볼 때 옆이나 뒤에 바짝 붙어서 필사적으로 봤다.

형찬이가 다 읽고 넘기면 중간에 끊기니 정말 빠르게 읽어야 했다. 정말 대단한 잡지였다. 지금도 기억나는 연재만화는 '주먹대장'이었다. 주먹대장은 오른팔과 주먹이 거의 몸통 수준으로 컸다. 그 큰 주먹으로 악당을 물리치고 좋은 일도 많이 했던 거 같다.

이상무의 '독고탁' 시리즈를 보며 야구보다 더 재미난 건 없다고 생각했다. 아마도 이상무가 김천 사람이었을 거다. 만화

중에 김천의 무슨 학교 교가가 자주 나왔던 걸로 안다. 김천고 교가가 아니면, 김천중앙고 교가였을 듯하다. 그리고 만화 중간중간에 세계 7대 불가사의 같은 게 나왔다. 수많은 비행기가 추락하고, 배들이 침몰한다는 버뮤다 삼각지, 네스호의 공룡처럼 보이는 괴물 네시, 백두산에 출몰한다는 천지 괴물, 이스터섬의 모아이 석상은 정말 신기하고 좀 무섭기도 했던 기억이 생생하게 떠오른다.

## 허풍쟁이

형찬이가 4학년 때 대구로 이사 간 후 한동안은 자주 놀러 왔다. 중학교 들어가기 전까지는 수시로 놀러 와서 함께 놀곤 했다.

아마도 방학 때였던 걸로 기억한다. 하루는 말싸움 아닌 말싸움을 하게 됐다. 우리 집에는 창고로 사용하려고 지은 작은 건물이 있다. 시골에서는 찾아보기 어려운 반듯한 창고였다.

1층에는 귀한 보물 같았던 '튀밥 기계'와 각종 비료와 농약 등을 보관했다. 지붕에는 각종 장독이 놓여 있었다. 지붕으로 올라가는 계단도 나 있었다.

지붕은 마치 2층 같았다. 거기서 길가 쪽으로는 별로 높지는 않았다. 계단을 통해 내려가서 창고를 돌아서 윗길로 가는 게 귀찮아서 그냥 뛰어내리곤 했다. 그런데 마당 쪽은 길가 쪽보다 1미터 정도는 더 높아 보여서 마당 쪽으로는 뛰어내리기가 좀 무서웠다. 굳이 뛰어내릴 필요도 없었다.

형찬이와 이야기를 하다가 3층에서도 뛰어내릴 수 있다고 허풍을 쳤다. 그 당시에는 선산 읍내에도 3층 건물이 가장 고층이었다. 3층이라는 높이가 별로 와 닿지 않았다. 그랬더니 형찬이가 말도 안 된다고 발끈했다. 나는 한 걸음 더 나가서 4층이나 5층에서도 뛰어내릴 수 있다고 내질렀다. 형찬이 얼굴이 일그러지면서 4층, 5층이 얼마나 높은지 아냐고 어이없어했다.

난 사실 고소공포증이 심하다. 어차피 말뿐인데 무슨 말인들 못 할까? 형찬이가 속으로 아주 나를 한심하게 생각했을 듯싶다.

중학생이 된 후 희한하게 형찬이는 더는 선산으로 오질 않았다. 왔다 해도 나랑 마주치진 않았을지도 모르겠다. 지금은 상주 시내에서 가게를 하고 있다고 한다. 형찬이에겐 선산보다는 외갓집이 있는 상주가 더 친근했을 수도 있다. 조만간 연락해서 만나려고 한다.

# 물건 욕심

얼마 전에 복도에 괜찮은 1인용 소파가 나와 있었다. 필요하면 가져가라고 내놓은 소파치고는 꽤 상태가 좋은 것이었다. 당장 필요는 없었지만, 나중에 쓸모가 있을 것 같아서 사무실로 옮겼다. 사무실이 좁지는 않아서 크게 자리를 차지하지는 않았다. 오늘 자세히 살펴보니 이게 유명 브랜드인 퍼시스 제품이었다. 살짝 놀랐다. 좋은 제품을 득템한 것이다. 나의 안목이 나쁘진 않았음에 안도하기도 했다.

중1 때의 일이다. 옆집의 형건과 형찬 형제는 3년 전에 대구로 전학을 가버렸다. 동생 지민이도 뒤따라 전학을 갔고 그 집은 옆집 아저씨 혼자 살게 됐다. 주말부부처럼 되어 버렸다.
 옆집은 안방과 작은 방이 있었고 두 방 사이에는 통나무로 만든 마루가 있었다. 안방 쪽 벽에 시골에서는 보기 드문 철제 책상이 있었다. 거기서 형찬 형제가 앉아서 숙제도 하고 공부도 했다. 철제 책상 위에는 교과서와 공책도 쌓여 있었다. 나뿐 아니라 친구들도 대부분 방바닥에 엎드려서 숙제했다. 공부는 하기 힘들었고, 그냥 숙제만 했다. 이 자세가 처음에는 나쁘지 않으나 30분만 지나도 엄청 불편해진다. 아무튼 그 책상이 너무 부러웠다.

어느 봄날, 그 철제 책상이 쓰레기장에 나와 있었다. 난 그 책상을 낑낑대며 갖고 왔고 그걸 깨끗이 닦아서 좁디좁은 건넌방의 머리맡 쪽에 뒀다. 거기 앉아서 고1 때까지 정말 잘 사용했다.
 워낙 어렵게 살다 보니 집 앞에 내놓은 살림살이들에 일단 눈길이 간다. 갖고 오면 쓰레기가 될 가능성이 99퍼센트라 혼날 게 뻔했다. 꽤 여유가 생긴 이후에도 이런 버릇은 버리질 못하고 있다. 이건 평생 고치기 힘든 고질병으로 자리 잡은 듯하다.

# 눈싸움

내가 가장 좋아했던 만화가는 허영만이었다. 허영만의 만화는 주제와 소재가 다채로웠으며 그림의 완성도도 뛰어났다. 사람들은 늘 그를 2인자로만 기억했다. 70년대는 독고탁의 이상무를 넘지 못했고 80~90년대에는 설까치의 이현세가 가로막고 있었다. 하지만 지금 돌이켜 생각해 보면 그때도 지금도 허영만은 1등이었던 거 같다. 요즘은 식객의 여세를 이어서 전국의 맛집을 돌아다니는 호사를 누리고 있다.

1980년에 〈어깨동무〉에 연재했던 만화가 있다. '짚신왕자'다. 내 기억으로는 '짚세기 신고 왔소'였는데, 전자를 엮어 후자를 냈다는 기록이 있다.

왕자를 저격하려는 수많은 자객이 있었다. 그 가운데 가장 인상적이었던 자객 중의 하나는 입에서 불을 뿜는 놈이었다. 아주 자그마한 체구였는데, 우현이란 배우 느낌이 났다. 그가 초가집에서 왕자를 잡으려 했다. 그때 눈이 잔뜩 쌓여 있던 겨울이어서 왕자는 눈 뭉치를 만들어 그에게 던졌다. 그러면 그는 피하지 않고서 입에서 불을 내뿜으며 녹여 버렸다.

왕자는 꾀를 냈다. 돌멩이를 눈으로 감싸서 던졌다. 자객은 그걸 모르고 불을 뿜다가 돌에 맞아 기절 또는 사망했다.

가장 기억에 남는 눈싸움이 있다. 1980년 겨울 또는 1981년 1월의 어느 겨울날이었다. 눈싸움을 할 만큼 충분한 눈은 아주 가끔 왔다. 1년에 한두 번꼴이었던 듯싶다. 나와 형찬이가 1 대 1로 싸웠다.

10여 미터 떨어진 거리에서 각자의 눈사람을 만들었다. 그리고 눈사람 뒤편에 피해 있다가 상대방에게 눈을 던진다. 뒤에 숨어서 십수 개 눈 뭉치를 만들어 두고, 하나씩 던지는 것이다. 거리도 있고 엄폐물이 있어서 별 타격을 줄 수 없었다.

그러다가 내가 던진 눈이 형찬이의 얼굴을 강타했다. 다리나 몸에 맞았으면 괜찮았겠지만, 얼굴에 맞으니 잔뜩 독이 올랐다. 씩씩대면서 눈을 던졌으나 나를 맞추질 못했다. 결국 화가 잔뜩 난 채로 싸움을 멈추고 자기 집에 가 버렸다.

# 구렁이

인도네시아 수마트라섬에서 50대 여성이 비단뱀에 통째로 잡아먹혀 숨진 채로 발견된 사건이 있었다. 뱀을 사살해 배를 갈라보니 여성의 시신이 들어 있었다고 한다.

우리 시골에서는 가끔 구렁이를 보곤 했다. 길이가 2미터쯤 되면 어마어마한 크기다. 그렇다고 해도 몸통은 그다지 굵지는 않았다.

하루는 집 앞의 논에 무엇인가가 움직였다. 제법 키 큰 벼들이 휘청휘청했다. 하굣길이었고 나와 형찬이가 함께 있었다. 새로 이사온 집의 나이 든 형님(당시 서른쯤 된 한량이었음)이 근처에 있어서 뱀이 나타났다고 알렸다. 뱀 길이가 170센티미터였다. 그 형님이 그 뱀을 잡았고, 그날 뱀을 큰 솥에 넣고 푹 삶았다. 솥뚜껑이 들썩들썩했다.

당시 형찬이네는 누에를 치고 있었다. 방이 두 개뿐이었는데, 비교적 넓은 안방에서 통째로 누에를 치고 있었다. 언젠가 그 집 안방을 열었다가 방안 가득한 누에들을 보고 기겁했다. 누에가 아주 크고 징그러웠다. 그 누에들은 식성이 보통이 아니었다. 뽕나무 가지를 낫으로 베어 주면 밤새 다 뜯어먹었고, 아침이면 앙상한 나뭇가지만 남아 있었다. 아무튼 사람이 누에에게 안방을 양보하고 작은 방에서 다섯 식구가 비좁게 살았다.

하루는 형찬 엄마가 뽕잎을 따다가 갑자기 비명을 질렀다. 제법 큰 뽕나무 줄기에 누런 구렁이가 나무를 칭칭 감고 있었다. 누런 나무 색깔 때문에 나무인지 구렁이인지 몰랐을 것이다. 아줌마와 구렁이의 눈이 마주쳤다면 어땠을까. 좀 소름 돋는다. 그 구렁이의 생사는 기억 안 난다. 구렁이가 알아서 도망을 갔을 수도 있고 남자 어른들이 몸보신하려고 잡아 먹었을 수도 있겠다. 사실 시골에서 산다고 뱀을 자주 볼 수 있는 건 아니었다.

예전에 국민학교 시절 소풍 장소로 자주 갔던 동산에 들렀다. 그 동산으로 들어가는 입구에서 한 발 앞에 수상한 낌새가 느껴졌다. 아니나 다를까 누런 살모사가 쓱쓱 소리를 내며 빠르게 숲으로 숨어들었다. 2주 전 밀양의 숲길에 들어섰을 때도 두어 발 앞쪽에 스산한 낌새가 있었고 여지없이 가느다란 뱀 한 마리가 돌담으로 들어갔다. 뱀이 생각보다 많은 듯해서 기다란 나무 작대기로 앞쪽을 툭툭 치면서 걸었다. 뱀에게 피해 가라는 신호였다.

# 세상에서 가장 맛있는 국화빵

국화빵을 정말 맛있게 먹었던 기억이 난다. 빵틀이 국화꽃 모양이어서 국화빵이라고 불렀다. 빵틀은 양면으로 되어 있어서 윗면을 열고 반죽 물을 붓고 팥소를 한 스푼 집어넣고 또 반죽 물을 부은 후 빵틀을 닫고 열을 가하면 맛있는 빵을 먹을 수 있었다.

살면서 가장 맛있다고 생각했던 국화빵은 어린 시절 선산시장 초입에서 팔던 그것이었다. 성인이 된 이후 국화빵의 맛을 다시 맛보게 해 준 것은 여의도 우체국 앞의 국화빵 트럭이었다. 지금은 재건축해서 33층의 높다란 빌딩(포스트타워)이 됐지만 내 기억 속 우체국은 20년 넘게 5층짜리의 꽤 깔끔한 빌딩이었다. 우체국 앞에는 푸드 트럭이 있었고 국화빵과 오뎅(?)도 팔았던 듯하다. 그 집의 국화빵은 식감이 뛰어났다. 무엇보다 기억에 남는 건 주인의 수화였다. 부부는 청각장애인이었다. 입 모양을 보고 거의 맞추기는 했으나 손가락도 거들면 소통하기 더 좋았다. 재건축이 시작되면서 그 트럭도 사라졌다. 아마도 어딘가에서 장사하고 있을지도 모르겠다.

반죽은 너무 묽어도 안 되고 너무 진해도 안 됐다. 대개 양은 주전자에다 반죽을 넣고 주전자 입구를 통해서 부어야 잘 만들 수 있었다. 동네에는 빵틀 기계가 한두 개 있었던 거 같다. 그래서 이 집 저 집으로 빵틀이 오고 갔다. 형찬의 집에는 기계가 있어서 어른들이 안 계실 때 함께 모여서 국화빵을 만들어 먹었다.

그러다가 하루는 초대형 사고를 쳤다. 그날은 공교롭게도 양쪽 부모님 모두 집에 안 계셨다. 우리 집 사 남매, 형찬 삼 남매가 요리를 했다. 그것도 창고처럼 쓰는 넓은 공간에서 솥뚜껑에다 전을 구웠다. 그냥 밀가루만으로 된 얇은 전이었다.

문제는 반죽을 너무 많이 했고 양이 넘쳤다. 그 공간이 다소 밀폐되어 있어서 연기가 장난 아니게 났다. 아마도 멀리서 봤으면 불이 난 것처럼 보였을 것이다. 연기가 가장 자욱한 그때, 왜 하필 그 타이밍이었는지. 형찬의 부모가 동시에 들어온 것이다. 눈물 쏙 빠지게 혼났다. 특히 형찬, 형건 두 형제는 아마도 매 좀 맞았을 거 같다. 제일 나이 많았던 형도 크게 혼났던 듯싶다.

# 골든키 아이템풀

골든키 아이템풀. 한때는 학습지의 대명사로 인기와 명성이 대단했다. '황금 열쇠' 모양의 로고가 기억에 남았다. 당시 공부 좀 한다는 친구들이나 잘사는 집 애들은 아이템풀을 구독했던 거 같다.

형찬이가 부러웠던 건 참 많았다. 먼저, 책상이 있었다. '철'로 된 책상이 참 부러웠다. 그 책상을 주로 형건이 형이 사용했을 것이고 형찬이와 지민이는 2순위, 3순위가 됐다.

형찬이는 학기 초가 되면 선산 읍내에 가서 공책을 잔뜩 사왔다. 때깔이 다른, 훨씬 고급스러운 공책을 갖고 다녔으니 부럽기 짝이 없었다. 아마도 선산국민학교 앞의 대형 문구점에서 사지 않았을까 싶다. 거기에는 대충 네 개의 문구점이 있었는데, 정문 앞 왼쪽에 두 개, 오른쪽에 두 개가 나란히 있었다. 거긴 각종 문구와 장난감들로 가득한 '천국' 같은 곳이라 여겨졌다.

〈어깨동무〉와 〈소년중앙〉이 배송되면 삼 남매가 차례로 읽었는데, 운이 좋으면 옆이나 뒤에 바짝 붙어서 '커닝'하듯이 봤다. 참 서러웠다. 그래도 그 다음 날 그 책을 잠깐 빌려 볼 수 있었다.

비싸고 귀한 아이템풀도 구독하고 있었다. 형찬이는 우등생이었고 형건이 형은 거의 만점을 받았다. 좀 더 성실했고 똑똑한데다 저런 지원까지 받았으니. 결국 경북대 인문계 수석 입학을 했다.

아이템풀이 지금은 추억을 소환하는 학습지가 되어 버렸지만, 어린 시절엔 부러움의 대상일 뿐이었다.

# 하늘 높이 콩콩

우리 어릴 적에 스카이콩콩이란 게 유행이었다. 내 기억으로는 4학년 무렵에 하나둘씩 타기 시작했던 거 같다. 신문물을 가장 빨리 받아들이는 형찬이가 그걸 타고 콩콩거렸다. 그 당시로는 싸지 않은 가격이었지만 그렇다고 못살 정도는 아니었다. 나중에 우리 집도 하나 장만했다.

스카이콩콩은 요즘 모바일 게임으로도 유명한 거 같다. 부모 세대에는 직접 몸으로 놀았는데 자식 세대에는 게임으로 접하고 있다는 게 신기하다.

스카이콩콩이 없는 애들은 스카이콩콩 대용으로 '삽'을 이용했다. 삽자루의 윗부분에 두 발을 올려놓고선 뛰었다. 땅이 너무 푹푹 꺼지는 모래땅에서는 하기 곤란했고 너무 단단한 땅도 부담스러웠다. 우리 몸무게가 작게 나가서 삽이 부러지는 불상사는 잘 일어나지 않았다. 간혹 삽이 부러졌을 때 크게 혼나기도 했다.

삽질해야 할 때, 가끔 스카이콩콩 타듯이 몇 번 뛴 다음 삽질하면 편하기도 했다. 비교적 단단한 땅을 쑤셔 놓은 효과로 인해서 삽이 좀 더 깊고 부드럽게 들어갔던 거 같다.

유년 시절로 돌아가 아무 걱정 없이 스카이콩콩을 다시 타보는 상상을 해 본다. 하늘 높이 몸이 올라가는 느낌이 들며 마음이 괜히 몽글몽글해진다.

# 원더풀 미나리

TV를 통해 미나리 논에서 작업하는 장면을 유심히 본 적이 있다. 미나리 하면 경북 청도 한재 미나리가 전국 제일이라고 했다. 청도 한재 미나리가 전국적으로 명성을 얻은 이유는 산 계곡의 깨끗한 청정수와 지하수로 청정 미나리를 생산하고 있기 때문이다. 그래서 한재 미나리를 사 가는 사람들이 많았다. 성수기에는 물량이 없어서 못 팔기도 한다니 참 대단하다 싶다.

난 어릴 때부터 미나리를 참 싫어했다. 미나리 특유의 풋풋한 냄새가 싫었다. 비슷한 느낌의 시금치는 잘 먹었지만, 미나리는 질색했다. 그 이유는 우리 옆집의 미나리 때문이었다.

형찬이네 수챗구멍에서 흘러나와서 모이는 아주 작은 연못(논의 한쪽 구석에서 물을 모아 두는 곳)에 미나리밭이 있었다. 일단 더러운 물이 모이는 곳이었고 그곳에서 자라는 미나리가 깨끗해 보이질 않았다. 한재 미나리 재배 환경과는 다를 수밖에 없긴 하지만 미나리 줄기에서 끔찍한 걸 봤다. 바로 거머리였다.

미나리 먹다가 거머리를 씹어 먹는 불상사가 생길 거 같았다. 이건 마치 복숭아를 한 입 베어 물었는데 반 잘린 벌레를 봤을 때의 그 충격과 다를 바 없었다.

그래서 난 미나리를 안 먹었는데 나이가 들면서 생각이 달라졌다. 처음에는 미나리가 몸에 좋다고 해서 먹기 시작했다. 난 몸에 좋다는 건 웬만하면 먹기 때문이다. 그런데 언제부터인가 내가 좋아하는 복국 지리에 미나리가 먹음직해 보이고, 미나리 삼겹살 구이를 먹을 때는 미나리가 더 맛있게 느껴졌다. 어느새 어른의 입맛으로 바뀐 것이다.

# 신화가 된 사나이 '전우' 나시찬

어릴 적, 우리 동네에서 TV를 가진 집은 많지 않았다. 내 느낌으로는 좀 산다고 하는 대여섯 집 정도만 갖고 있었을 듯싶다. 그중 한 집이 바로 형찬이네다.

세상에서 제일 부러운 것 중 하나가 집에 TV가 있다는 것. 그때의 TV는 네 개의 기다란 다리가 있기도 했고, 무엇보다 미닫이문도 있었다. 리모컨이 없던 시절이라 채널 손잡이를 오른쪽 왼쪽으로 돌려서 채널을 맞춰야 했다. 그리고 각 집에는 지붕 위에 수신 안테나가 있어야 했다.

당시 나는 도둑 고양이처럼 형찬이네 집에 가서 TV를 훔쳐보다시피 했다. 그것도 엄청 눈치 보이기도 했고 자존심이 상하는 일이라 가끔 그랬다.

형찬, 형건, 지민 삼 남매는 당시 '나시찬'을 입에 달고 살았다. 그때가 국민학교 입학 전이었다. 이제는 '신화'로만 남았지만,

당시 나시찬 배우의 인기는 대단했다. 특히 꼬맹이들한테 유독 인기가 많았다고 한다. 삼 남매도 맨날 나시찬 타령을 했다. 그래서 본 적도 없는 나시찬에 대한 기억이 너무도 또렷이 남아 있고, 마치 같이 본 듯한 착각마저 생겼다.

지금은 유튜브의 시대라 과거의 일들이 유튜브에 소개되어 있다 보니 나시찬과 전우에 관한 자료도 알 수 있다. 참고로 그는 폐렴성 뇌막염으로 1978년부터 활동을 중단해야 했고 1981년에 세상을 떠났다. 그는 삼 남매를 비롯한 많은 어린이에게는 신화와 같은 존재로 남아 있다.

# 미스터리 괴물

정확한 연도는 기억나질 않는다. 국민학교 3학년 아니면 2학년 때였을 듯하다. 아마도 늦여름이었을 것이다. 우리 집 바로 앞은 형찬이네 논이 계단식 논처럼 아래로 이어져 있었다. 첫 번째 논과 두 번째 논 사이에 사람만 다닐 수 있는 논길이 있다. 그리고 논들은 옆의 도랑을 사이에 두고 언덕과 구분이 됐다. 5~6미터 언덕 위로 또 형찬이네 밭들이 펼쳐졌다. 그것도 집 옆과 앞, 뒤로 꽤 많은 논과 밭이다.

논과 도랑 사이에 있는 사람만 다닐 수 있는 길은 돌과 흙으로 만든 작은 담 같았다. 문제의 그날이었다. 그날 형과 누나는 아랫동네에서 놀고 있었던 듯하다. 그날 집에는 나와 동생, 그리고 형찬이와 동생 지민이만 있었다.

형찬이가 갑자기 소리를 치며 빨리 오라고 했다. 우리는 "왜? 왜?" 하며 아주 빨리 그에게로 달려갔다.

"저거 보라고."

"뭐, 어디?"

우리 넷은 깜짝 놀랐다. 본 적 없고, 볼 일 없을 법한 괴상한 동물이 있었다. 너무 오래된 기억이라 정확한 묘사는 어렵지만, 색깔은 주황색에 가까웠다. 크기는 20~30센티미터 정도다. 얼핏 보면, 작은 용 같았다. 우리나라를 비롯한 동양의 용은 뱀 모양이지만, 서양의 용은 날개가 크고, 좀 뚱뚱하지 않나? 딱 서양의 용 모양이다.

그 괴물은 10여 초 정도만 우리에게 나타났다가 갑자기 사라졌다. 바위 틈으로 숨었는지, 풀숲으로 도망갔는지 알 길이 없다. 아무튼 우리 넷은 잠시 침묵했다. 아무 말도 나오지 않았다. 그리고 그놈이 사라진 게 확실해진 그때부터 말문이 터졌다. 한두 시간 그 괴물 이야기로 떠들었다.

나 혼자 봤다면 헛것을 봤나 했을 법하다. 다행히 목격자가 무려 네 명이다. 디카나 핸드폰이 있었다면, 얼마나 좋았을까? 함께 본 나머지 세 명도 그 일을 기억하고 있으려나 궁금하다. 그나마 형찬이가 기억하고 있을 가능성이 제일 크다.

# 읍내 나들이

우리집 사 남매와 형찬이네 삼 남매가 함께 벌인 일들이 몇 가지 있었다. 무슨 전을 부친다고 일곱 명이 창고를 거의 태워 먹을 뻔했던 사건이 있었다. 그때는 연기만 자욱했을 뿐 전혀 위험하지 않았는데, 어른들은 불이 난 줄 알고 노발대발했었다.

리어카를 타고 위험천만한 폭주를 했던 적도 있었다. 쏜살같이 달리다가 논바닥에 나뒹굴면서 어찌나 재미있어했던지, 참 간이 부어도 너무 부었다.

1981년 5월에 형건, 형찬 형제가 대구로 전학을 갔으니, 내가 그들과 함께했던 기억 대부분은 1980년의 일이었던 게 맞다. 난 3학년과 4학년에 있었던 일이 잘 구분되지 않았는데, 5월 전학이면 3월과 4월 두 달밖에 없으므로 웬만한 일들은 3학년 때의 일이었음을 최근에야 깨닫게 됐다.

어느 날 일곱 명이 다 함께 읍내로 갔다. 거의 4킬로미터쯤 되는 길을 걸었다. 버스비가 아깝기도 했지만, 버스가 아침 점심 저녁 세 번밖에 안 다니니까 그 시간을 맞추기가 어려웠다. 아무튼 그날 우리는 읍내에 갔는데 목적지가 만화방이었다. 만화방에 앉아서 재미있게 몇 권씩 읽었다. 희미한 기억이지만, 만화책도 빌렸던 듯싶다. 그때 읽었던 만화가 40년이 더 지난 지금도 생생하게 기억에 남아 있다.

그 당시 만화는 대충 그리는 것 같았고, 내용도 좀 모호했다. 무협 만화였는데, 주인공의 무술이 좀 특이했다. 안개를 만들었던 듯하다. 그 안개를 잘 활용해서 자기를 잘 숨겼고, 그리고 적을 급습해서 이긴다는 내용이었다.

돌아오는 길은 좀 멀고 힘들었다. 내 기억으로는 그게 우리 일곱 명의 유일했던 읍내 나들이였다.

40년 전이 된 어린 시절 그때가 눈앞에 생생하다. 지금 그 시절을 떠올리니 입가에 미소가 번진다. 어렸을 땐 이런 추억이 절로 생겼다. 행복은 혼자 오지 않고 이런 추억이 쌓여 함께 온다. 어른이 된 후엔 일부러 찾아다녀야 추억을 만들 수 있다는 게 조금 서글프다.

두 번째 이야기

행복은
추억을
타고 온다

# 웅이네 복숭아

복숭아는 그 모양과 향기가 사랑스럽다. 물론 털이 많아서 좀 징그러운 느낌도 든다. 그 털 때문에 복숭아를 못 먹는 사람도 은근히 많다. 영화 〈기생충〉에서 이정은 배우가 연기한 가사도우미 문광이 복숭아털 알레르기 때문에 결국 인생이 망하지 않았나.

복숭아 하면 늘 떠오른 가족이 있다. 우리 동네는 1동과 2동으로 이루어진 동네였다. 덕촌국민학교에는 덕촌, 대원, 태봉, 포상, 그리고 봉곡 다섯 개 동네(6학년 때 행정구역 조정으로 소재까지 포함됨) 아이들이 다녔다. 한 학년에 50~60명 수준으로 전교생이 통틀어도 300명 정도였다.

다섯 동네 중 가구수가 가장 많은 동네가 봉곡이었다. 1동이 150여 가구, 2동이 50여 가구. 합계 200여 가구면 시골 동네치고는 아주 큰 편이었다. 1동은 특이하게 임씨 집성촌이었다. 거의 다 임씨였다. 임씨 아닌 사람이 이상할 정도였다.

  1동과 2동은 100~200미터 떨어져 있었고 그 중간 지대는 논 또는 밭이었다. 그런데 1동, 2동 중간 부근 산 위 중턱에 아주 이상하고 신비로운 집이 한 채 있었다. 그 집은 흡사 〈나는 자연인이다〉라는 TV프로그램에 나올 법한 그런 모습이었다.

  동네의 꼭대기에서도 거의 1킬로미터나 떨어진 산기슭에 있는 너와집이었는데, 그 집에는 늙은 아저씨 혼자 살고 있었다. 아들은 하나였는데 이름이 웅이였다. 외동아들이었고 엄마는 없는 듯했다.

  그 집과 웅이에 관한 괴상한 소문이 있었다. 웅이는 아마도 어른이 되어 타지에 나간 듯했다. 웅이 아버지는 대략 60~70대로 보였으니 웅이도 서른 즈음이 되었을 듯싶었다. 웅이는 동물들과 친하다는 소문이 돌았다. 늑대가 친구라는 얘기도 있었고 이름에서 연상되듯 곰과도 친구라고 했다. 그 집에 가 본 사람이라면 그럴 수도 있으리라 싶을 거다.

웅이네 집 주변은 복숭아밭이었다. 대략 30여 그루 넘는 복숭아나무가 있었다. 밭 한쪽에는 작은 우물가가 있었다. 이 우물은 여느 우물과 달리 두레박이 필요 없었다. 깊지 않았기 때문이다.

나는 동네 친구들 네다섯 명과 그 복숭아밭에 몰래 숨어들어 갔다. 그리고 외곽에 있는 나무의 복숭아 몇 개씩을 따서 '걸음아 나 살려라' 하며 전력 질주해서 도망쳤다.

산을 벗어나 동네 어귀에서 가쁜 숨을 가다듬고 흐르는 개울물에 복숭아를 씻은 후 그 달콤함을 맛보았다. 그 복숭아밭에는 비료나 농약을 치지 않아서 유기농 그 자체였다. 그래서 열매가 좀 작았고 한 입 베어 물었을 때, 한두 마리의 벌레도 함께 먹게 됐다. 어른들은 모르고 먹는 복숭아벌레는 피부미용에 좋다고 위로했다.

오래전 웅이네 아버지는 고독사했다. 가끔 들르던 1동의 어른이 그 집에 갔다가 발견한 것이다. 그때 웅이가 왔을 것이다.

언제나 우리 사이에서 신기한 소문의 주인공이었던 그 웅이를 다시 만나 볼 수 있을까?

## 기억은 각자의 상상력이다

악대부 하면 늘 중고등학교 시절의 그 악대부가 연상됐다. 그런데 국민학교 시절의 악대부 기억도 가끔 떠오른다. 그것은 1년 선배들의 악대부였다. 작은 학교였지만 악대부는 갖출 건 웬만큼 다 갖췄던 듯싶다.

악대부의 꽃은 역시나 리더였다. 악대부니까 리더를 악장으로 불렀는지, 부장으로 불렀는지 그건 기억나지 않는다. 리더는 악대부 부원 가운데 가장 외모가 돋보이는 사람이 맡게 되는 듯했다.

1년 선배들 가운데 경아 누나가 가장 예뻤다. 경아 누나는 키가 적당히 컸고 날씬했다. 얼굴도 미인형이어서 인기가 많았다. 내 기억으로는 당시 경아 누나와 희정 누나(친누나)가 가장 인기녀였다.

경아 누나는 무엇보다 집안이 아주 좋았다. 아버지는 박정희 대통령 시절 대의원(?)을 했었다고 들었다. 지금으로 치자면 도의원 아니면 시의원쯤 될 듯하다. 선산에서는 알아주는 유명 인사였다. 실제로 그는 선산 의료보험관리공단(2000년 '건강보험공단'으로 명칭 변경) 이사장(?)이라는 정말 괜찮은 감투도 쓰게 되어 차가 제공됐고 운전기사가 배정됐다. 이건 나중의 일이다.

아무튼 경아 누나와 우리 누나는 애매모호한 라이벌이었다. 둘 사이에 미묘한 경쟁심리가 있었다. 우리 누나는 솔직히 미인은 아니었지만, 정감 있는 외모에다 사교성이나 친화력이 좋았나 보다. 그리고 공부도 잘했다. 나중에 중학교 시절에도 따라다니는 남자들이 제법 있었다고 들었다.

경아 누나는 악대부 리더가 됐다. 희미한 기억을 더듬어 보면, 화려하고 밝은 제복을 입었다. 노란색과 흰색의 제복이었던 거 같다. 오른손에는 기다란 지휘봉이 쥐어져 있었다. 그리고 모자도 길쭉하고 화려한 액세서리들이 달려 있었던 듯싶다.

경아 누나의 절도 있는 동작에 맞춰 10여 명의 대원이 뒤를 따랐다. 아마도 여자들로만 구성이 됐던 듯하다. 1년에 몇 번의 행진이 있었다. 작지 않은 운동장을 한 바퀴 정도 돌았던 거 같다.

내 기억과 느낌으로는 1년 선배 중에는 미인이 많았다. 덕촌의 두 누나가 기억에 남았다. 전학을 간 문경 누나와 안 간 윤경 누나가 유난히 눈에 띄었다. 문경 누나와 그의 오빠는 기억난다. 그 오빠는 아주 미남이었고 공부도 꽤 했던 거 같다. 그 형은 내가 3학년 무렵 봄 소풍 때 나를 챙겨 줬다. 나와 동생이 빨대 모양 안에 크림이 들어 있는 과자 아폴로를 쭉쭉 빨아 먹고 있었다. 교문 아래 동상 부근에 둘이 앉아 있는데, 그 형이 우리가 측은해 보였거나 아니면 동생이 귀여워서 그랬는지, 다가와 살갑게 말을 걸며 사탕을 주었다. 그 형은 얼마 뒤 여동생과 함께 대구로 전학 간 걸로 기억한다.

이게 내가 가진 기억의 전부였다. 그런데 또 다른 기억력이 탁월한 동창이 우리 학년에도 악대부가 있었다는 것과 그때 리더가 바로 김선희였다고 들려줬다. 까맣게 잊고 있었던 그 기억이 살아 올라왔다. 맞다. 선희가 그 리더를 맡았었다. 선희 또한 리더가 되기에 충분한 자격과 외모를 갖췄다. 다소 몸치 같았지만 충분한 훈련과 노력으로 악대부를 잘 이끌었던 거 같다.

박완서 작가는 《그 많던 싱아는 누가 다 먹었을까》라는 책에서 "기억은 각자의 상상력이다"라고 했다. 기억력 좋은, 상상력 풍부한 동창이 있어서 참 다행이다.

# 천주교 신자가 된 재영이 형

재영이 형은 정말 재미있는 구석이 많았다. 어머니를 닮아서 키가 컸고 건장했으며 얼굴이 유난히 검은 편이었다. 이것 또한 모계에 흐르는 유전자의 탓이었다. 또래 중 키나 덩치나 스피드 등에서 가장 뛰어났기에 골목대장으로 군림했다. 그렇다고 막 나가는 스타일은 아니었고 균형을 잘 잡고 있었다.

이 형이 고1이나 고2 시절에는 단짝이었던 우영이 형과 함께 토끼 사냥을 했는데, 정말 거짓말 하나 안 보태고 하루 평균 두 마리 정도의 산토끼를 잡아서 내려왔다. 새벽 4~5시에는 산으로 올라가서 곳곳에 설치해 둔 '토끼 목로(철삿줄로 만든 덫으로 토끼 목을 죄어 잡음)'를 점검했고 걸려 있는 토끼를 잡아왔다. 산의 입구 쪽에 있던 우리 집에서는 둘의 등산과 하산을 모두 볼 수 있었고 가끔 운 좋게 토끼 한 마리를 선물로 받기도 했다.

이 형은 공부 욕심이 많아서 공부에 집중하는 모습을 자주 볼 수 있었다.

어느 겨울 재영이 형은 우리 집 튀밥 장사를 도와준 적이 있었다. 무슨 마음이셨는지 아버지는 재영이 형을 우리 형과 함께 튀밥 기계를 달구는 불통과 풍로를 담당케 했다. 아마도 하루 일당을 계산해서 줬던 것 같다. 추운 겨울날 그 고된 일을 재영이 형은 꽤 즐겼는데, 그게 신기했다. 그 일이 힘들기도 했지만, 너무 추웠고 더 싫었던 것은 '창피함'이었다. 그 모든 걸 개의치 않는 그 형의 모습에 적잖이 놀랐고 부러웠다. 아마도 그 형은 그해 겨울 아주 따뜻했을 것이다. 용돈치고는 큰돈이었다. 일을 아주 잘해서 아버지도 만족했고 무엇보다 내 일을 대신해 줘서 다행이었다.

동네 주민센터 아래 논바닥에서 축구를 했다. 추수를 끝낸 늦가을, 초겨울의 어느 오후였다. 논바닥은 울퉁불퉁했다. 축축했던 논바닥일 때와 추수 때, 사람들의 발자국이 요철을 만들어 냈고 그대로 굳어져 있었다. 게다가 벼의 밑단은 여전히 남아 있었다. 그곳에서 축구를 한다는 건 정말 쉽지 않았지만 그만큼 넓은 공간도 없었다.

내가 수비를 보고 있었는데 상대 팀의 공격수였던 재영이 형과 공중 볼을 다투다 형의 무릎에 내 가슴 정중앙이 부딪혔다. 난 그대로 논바닥에 쓰러졌다. 헤비급과 라이트급의 충돌이었고 더구나 실질적인 니 킥knee kick을 가슴에 맞았으니, 안 죽은 게 다행이었다. 난 한동안 숨을 쉴 수가 없었다.

  그 이후로도 몇 달 동안 가슴이 아파서 숨을 잘 못 쉬었을 정도로 후유증도 만만찮았다. 지금 같았으면 대형병원에 실려 갔을 만큼 큰 부상이었다.

형은 해사에 갔고 얼마 뒤 '천주교 신자'가 됐다. 그 이유가 인상적이었다. 어느 날 성당에 들어갔는데 너무 마음이 평안해져서 교인이 됐다는 것이다. 나도 성당을 향하는 계단을 올라가면서 느껴지는 웅장함에 압도되다가도 어느새 평안해지는 느낌을 받곤 한다.

# 추억 부자 된 정월 대보름날

정월 대보름날엔 말 그대로 달이 아주 크다. 하늘에 걸려 있는 달이 평소의 보름달보다 1.5~2배는 더 커 보이는 느낌이다.

어린 시절의 정월대보름은 꽤 큰 명절(?)이었다. 5월 단오 못지않을 만큼, 생각보다 많은 일을 했다. 일단 찰밥을 지어 먹었다. 윤기 좌르르 흐르는 찹쌀과 팥, 밤, 대추 등을 섞어 지은 찰밥은 맛있었다. 식어도 맛이 좋아서 찰밥을 2~3일 동안 퍼먹었던 기억이 있다. 부럼이라고 딱딱한 밤, 땅콩 등도 먹었다. 그러면서 만나는 사람에게 "내 더위 사라"라고 말도 안 되는 말을 하며 서로 신경전을 벌였는데, 결국 더 순진하고 착한 녀석이 그 해의 모든 더위를 사게 됐다. 더위를 사고파는 게 뭐라고, 그게 가능하기나 한 것인지. 아무튼 별거 아닌 것에 꽤 의미를 두면서 싸웠다.

대보름날의 최대 이벤트는 밤의 쥐불놀이다. 낮에 적당한 크기의 깡통을 구해서 열심히 만들었다. 깡통을 잘 골라야 했는데, 남양유업이 매일유업의 분유통이 괜찮긴 했다. 이 분유통은 어린 우리에게는 너무 컸다. 내가 제일 좋아했던 깡통은 황도와 백도 깡통이었다. 이게 너무 크지도 작지도 않은 크기였기 때문이었다.

깡통을 구한 후 윗부분 양 끝에는 구멍을 두 개 뚫고선 철삿줄로 연결했고 나머지 부분에는 망치와 못으로 구멍을 숭숭 뚫었다. 구멍들이 골고루 배치되도록 신경을 써서 뚫어야 했다. 이때 힘 조절을 잘하지 않으면 깡통이 찌그러지기 때문에 이것도 조심조심해야 했다. 그리고 불쏘시개와 작은 나무들을 준비해 뒀다.

저녁 무렵 동네 사내아이들은 초중고생 가릴 거 없이 다 동네의 논바닥에 모여서 각자 만든 불깡통을 자랑하듯이 붕붕 돌렸다. 멀리서 보면 도깨비불이 춤추듯이 십수 개의 불깡통이 원을 그리며 돌아가는 모습은 장관이었다. 그리고 어느 순간 동시에 불깡통을 하늘 높이 던졌다. 하늘로 10~20미터 날아오른 깡통이 불꽃처럼 땅으로 떨어지는 모습도 근사했다.

이때 화상을 조심해야 했다. 불붙은 나무 조각들이 우리 머리 위로 쏟아질 수 있었다. 실제로 옷이 타기도 했고 살에 닿아서 화상도 입은 적이 있었다. 이걸 쥐불놀이라고 한 건 사실 논에는 쥐들이 있었기 때문이다. 특히 볏짚단 속은 쥐들의 월동

장소가 되기도 했다. 어쨌건 쥐불로 쥐를 잡기는 어렵지만, 이 놀이를 통해 논과 논두렁을 불 소독하는 효과는 있을 듯했다.

깡통 돌리기가 끝나면 다들 약속이라도 한 것처럼 동네 뒷산으로 올랐다. 해발 300미터쯤 되는 조금 낮은 둥근 산인데 거기서 달이 잘 보였다. 크게 떠오른 대보름달에 다들 절을 하거나 두 손 모아 기도했다. 무슨 기도를 했는지 기억은 나지 않지만, 간절히 빌었다.

동네마다 고장마다 정월 대보름에 다양한 행사를 많이 했을 것이다. 안동 같은 전통 마을에서는 거창한 '고싸움'이나 '차전놀이'를 했다. 우리 동네는 사실 안동보다 더 잘나갔지만, 그 전통이 끊겨서 전통가옥도 없고 옛 문화들이 사라져 버렸다. 볏짚을 크리스마스트리 모양으로 만들어서 불태우는 달집태우기도 했다는데, 내 눈으로 본 적은 없다.

동네의 한가운데 공터에서는 어른들이 모여서 윷놀이를 한 판 벌였고, 그해의 풍년을 기원하는 크고 작은 행사도 했다. 곧 시작될 농번기 앞에 크게 한판 놀아보자는 느낌이 아니었을까 싶기도 하다.

우리는 연날리기도 제법 했다. 연날리기는 겨우내 하긴 했는데 대보름에 하기에 더 적당했을 것이다. 그리고 정성껏 만들어서 신나게 놀던 연을 놓아주기도 했다. 강한 바람에 연줄이 끊겨서 강제 이별하기도 했고 스스로 줄을 끊어서 뒷산 넘어 날아가는 연을 감상하기도 했다.

벌써 40년 전이 된 어린 시절 그때가 눈앞에 생생하다. 지금 그 시절을 떠올리니 입가에 미소가 번진다. 어렸을 땐 이런 추억이 절로 생겼는데 이제는 찾아다녀야 만들 수 있다는 게 조금 서글프다.

# 귀여운 술주정

배상면은 '국순당'을 만들었고, 아들은 '배상면주가'를 열었으며 딸은 '배혜정도가'를 창업했다. 나는 술을 안 마셔서 별 관심은 없지만, 대단한 배씨 집안인 거 같다. 내 친구는 사모펀드PE 회사를 만들었는데, 회사 이름을 '배가'라고 했다.

이게 좀 중의적이어서 꽤 잘 지은 느낌은 있다. 일단 짐작한 대로 배씨 성을 가진 친구다. 투자회사니까, 돈을 불려 줘야 하는데 딱 두 배 불리겠다는 의미로 '배가'란 거다. 서너 배도 있긴 하지만 요즘 같은 세상에 두 배면 됐다는 거다.

어릴 적, 선산 읍내의 내로라하는 갑부집은 '정미소(방앗간)', 선산수퍼, 청미장이 아니었을까? 그리고 '도가'도 무시 못 할 부잣집이었다고 들었다.

도가는 술을 만드는 양조장을 일컫는다. 아마도 이게 정부에서 허가를 내줘야 할 수 있어서 거의 독점이었을 거다. 선산 읍내의 도가에서 각 동네의 점빵들에 막걸리를 공급했다. 모든 점빵에서 막걸리를 다 받지는 않았던 거 같고, 아마도 한 동네에 하나씩만 지정했던 거 같다.

우리 동네는 점빵이 하나밖에 없었기에 그 집에서 막걸리를 팔았다. 그리고 옆 동네는 신작로의 점빵 가운데 동네 쪽이 아닌, 들판 쪽에 있는 가게에서 막걸리를 팔았다.

어릴 적, 꼬맹이들에게 점빵 심부름을 제법 시켰다. 주로 담배 '청자' '솔' '한산도'를 한 갑 또는 한 보루를 사 오라는 심부름이었는데 마다하진 않았다. 왜냐? 단팥빵 하나 정도는 삥땅 또는 뽀찌(보상)로 먹을 수 있었기 때문이다.

막걸리 심부름도 만만찮게 시켰다. 내 기억으로는 큰 다라이에다 막걸리를 부어 놓고서 팔았다. 도가의 배송차가 몇 리터씩 부어 놓고 갔던 거 같다. 우리는 양은 주전자를 들고 가서 한 주전자 가득 담아 주면 그걸 들고서 집으로 또는 논과 밭으로 갔다. 그러면 어른들은 한 사발 두 사발 들이킨 후 놀거나 일을 했다. 막걸리는 꽤 괜찮은 식사 대용이기도 했다. 배도 불렀고, 술기운으로 남은 농사일을 마무리했던 듯싶다.

국민학교 5~6학년이 됐을 무렵에는 어른들이 우리에게 막걸리를 권하기도 했다. 이건 곡차라며 마셔도 된다고 했다, 어른이 주는 거니 괜찮다고도 했다. 이런 말에 형들이나 친구들은 막걸리를 마시기도 했다.

한번은 재밌는 사건이 벌어졌다. 한 살 아래인 재섭이가 막걸리 심부름을 가다가 도중에 막걸리를 홀짝홀짝 마시다 보니 취하고 말았다. 그때가 아마도 열 살 정도였다. 난 못 봤지만, 꼬맹이가 얼굴이 빨개져서 주정을 부렸다고 한다. 정말 가관이었을 듯싶다. 헛소리하며 시냇물도 막 마셨다고 했던 거 같다. 재섭이 말로는 막걸리가 너무 맛있어서 계속 마시게 됐다고 한다.

어른이 되어 술자리를 갖다 보면 재미있는 이야깃거리가 생긴다. 술의 나른함을 빌어 고백했다가 이불킥을 하기도 하고, 살짝 흐트러진 모습을 보였다가 약점이 된 듯해서 불편해한다. 그러나 어린 시절 술 주정 사건은 귀엽기만 할 뿐이다.

## 까르르 웃음 선물

수영이 형은 나보다 네 살 많았다. 당시에는 같이 야구하고 다방구도 했다. 그래야 구성원이 됐기 때문에, 대략 다섯 살 정도는 거의 친구처럼 지냈다. 여섯 살 이상은 어른이었다. 내가 국민학교 1학년일 때, 다섯 살 많은 형은 6학년이다. 그리고 중학교 1학년일 때 그들은 고등학교 3학년이다(우리 중고등학교는 병설이라 같이 다녔다). 이러니 위로 다섯 살까지는 그냥 반말하며 지냈다. 나도 다섯 살 아래의 동생하고도 그렇게 지냈으니 뭐 잘못된 건 없다.

아무튼 수영이 형은 아주 조용했다. 내가 형과 나눈 대화는 많지는 않았을 테지만, 몇몇 장면들은 기억에 선명히 남아 있다. 더운 어느 여름날이었다. 그날은 동네의 큰 공터에서 뭔가 놀이를 다 같이 한 듯했다. 공터의 구석에 있는 회나무가 좀 크고 약간의 그늘을 만들었다. 그 밑에서 땀을 식히곤 했는데, 그날은 공터의 안쪽 구석으로 이어지는 재식이네 집의 넓고 큰 대문 아래의 그늘에 나란히 앉아 있었다.

　재식이 집에는 강아지가 있었다. 그 강아지를 부를 때는 대개, '메리'라고 부르기도 했고, 입을 벌리고 아랫입술을 입안으로 집어넣고선 혀를 그 아랫입술에 뗐다 붙였다 하면서 내는 독특한 소리를 내곤 한다. 그런데 형은 '컴 히얼'이라고 했다. 무슨 말인가 싶었다. 나중에 알고 보니 'Come here'였다. 되게 유식해 보였다.

　형은 공부를 좀 했지만, 대학을 갈 만큼은 아니었다. 그의 형은 치과의사였다. 아마도 경북대 치대를 나온 듯했다. 선산터미널의 코너 2층에 치과를 개원했다. 선산 최고의 명당자리였다. 나도 가서 치료받은 적이 있다. 그 집은 그 형에게 올인한 듯했다.

　수영이 형에 관한 재밌는 일화도 있다. 어느 주말 또는 휴일의 일이다. 드문 일이지만 그 날은 동네의 중고등학생들이 죄다 우리 집에 모여서 놀았다. 남녀 합해서 십여 명이 옹기종기 모여서 이런저런 놀이를 했다. '사치기 사치기 사뽀뽀' 이런 놀이도 했던 거 같다. 수영이 형과 누나들이 한 팀을 이뤄 놀았는데, 수영이 형이 계속 실수해서 벌칙을 받았다. 그게 너무 웃겼다. 누나들, 특히 우리 누나와 연희, 선숙, 혜순 등의 누나들이 너무 즐거워했다. 그리고 그 형의 순진함과 순수함에 빠져들었다. 한동안 누나들의 대화에 그 형이 화젯거리였다.

　의외의 광경도 내 눈에 들어왔다. 어느 날 수영이 형이 정현이 형을 때려서 울린 일이 있었다. 얌전하고 평범한 체격의 형이 싸움 실력을 갖추고 있어서 놀랐다.

　형들과 누나들의 근황이 무척 궁금해진다. 다들 잘살고 있겠지.

# 보물 같은 존재

외갓집 바로 옆에 살았던 큰이모님의 두 아들은 참 유머러스했고 굉장히 잡기에도 능했다. 태권도도 고단자였고 둘이 대련하는 걸 보면 발이 손처럼 날아다녔다. 마당 한쪽의 감나무 큰 가지에다 샌드백을 달아 놓고선 손으로 발로 연신 치고 또 쳤다.

이 두 형제는 우리 가족들에게는 참 보물 같은 존재였다. 왜냐하면 모든 집안의 대소사를 다 챙겼고 일도 참 잘했다. 칠 남매의 대가족들이 여름방학, 겨울방학 때마다 수시로 찾아오면 그 모든 식구와 다 시간을 보내야 했다.

나도 사촌들을 만나는 재미로 외갓집에 가곤 했는데, 이 많은 친척을 대접해야 하는 상황이 참 쉬운 일이 아니었을 거 같다. 마음잡고 공부하려고 해도 도저히 할 수 없다고 나한테 푸념을 늘어놓기도 했다.

이 형들이 했던 말 중에 지금도 또렷하게 기억나는 게 있다. 형들 위로 누나가 셋 있었고 두 형들이 나중에 태어났다. 그래서 엄마인 큰이모한테 "넌들 키우다가 놈들 키우니 희한하지?" 이런 말을 했다. 어찌나 웃기던지. 큰이모도 희한한 놈들이라며 크게 웃곤 했다.

제일 기억에 남는 건 이모부가 돌아가셨을 때였다. 효자인 건 알았지만 그렇게까지 할 줄은 몰랐다. 산속 무덤에서 40일을 지냈다는 것. 둘이 교대로 하기는 했으나 요즘 같은 세상에 이런 효자가 있을까 싶었다.

지금 팔순을 넘기신 큰이모는 대장암 수술을 받았고 언제 돌아가셔도 이상하지 않을 건강 상태다. 아! 많은 시간이 흘렀고 다들 늙어가는구나 싶다.

# X맨은 누구일까

지금 생각해 봐도 왜 그런 어리석은 작전을 실행했는지 이해가 되지 않는다. 내가 3학년 때였는지, 4학년 때였는지 좀 헷갈리긴 하다. 그런데 내 단짝인 형찬이가 그 추억 속에 없는 걸 보면, 4학년 때의 일일 듯하다. 내 기억 속에 형찬이는 4학년 2학기 때 전학 간 걸로 남아 있다. 그런데 최근 그와의 통화를 통해 알게 된 사실은 5월에 전학 갔다는 거다. 형건 형은 6학년 때의 일이라며 거의 날짜까지 기억하고 있었다. 그 전학 사건은 굉장한 충격이었던 모양이다.

동네의 규모는 차이가 크게 났지만, 학생 수는 의외로 큰 차이가 없었던 듯하다. 어쨌건 그게 정기전은 아니었는데, 봉곡 1동과 2동의 단체전(나무로 만든 칼싸움)을 벌였다. 내가 거의 막내였던 걸 보면, 4학년부터 고등학생까지 동원된 듯하다.

1동과 2동의 사이에는 개울이 두 개가 흘렀고, 그 사이에는 크지 않은 논들이 있었다. 그 논에서 칼싸움하기로 했나 보다.

무슨 바람이 분 듯하다. 드라마 등에서 칼싸움하는 게 멋있어 보였던지….

서로 100여 미터 떨어진 곳에서 대치하고 있다가 중간 지점에서 싸우는 걸로 합의된 듯싶었다. 나는 급하게 산에 가서 너무 크지 않은 나무를 잘라서 칼을 만들었고 무리에 끼었다.

우리 편이 있던 곳은 불룩 튀어 오른 부분이었다. 엎드리면 1동에서는 안 보였다. 그때 중3인 태현이 형이 강력하게 제안한 작전이 우리의 칼을 모두 위에다 꽂아 놓고 아래에 숨어 있는 것이었다. 1동 애들이 쳐들어올 때 우리가 기습하면 좋지 않겠냐고. 문제는 바로 아래쪽에 숨는 게 아니라 한참 떨어진 곳에 숨어 있자고 한 거다.

결국 그 작전이 형들에게 솔깃했던지, 실행에 옮겼다. 결국은 그 칼들을 전부 적에게 뺏겼다는 것. 싸우지도 못하고. 그렇게 싱겁게 1차전은 끝났고 2차전은 공터에서 칼을 휘두르며 싸웠다. 그냥 다치지 않을 만큼만 싸웠다. 지금 생각해 보면 태현이 형이 X맨이었나 싶기도 하다.

## 묘한 배신감

우영 형은 우리 형의 친구였고 나보다 다섯 살 많았다. 그 집은 삼 형제였는데 막내가 나보다 두 살 많았다. 우영 형의 할아버지는 50대 중반에 돌아가신 듯했다. 내가 기억하는 그 할아버지는 굉장히 젊었다. 키는 작았지만 아주 날렵한 편이었다. 당시 환갑에 성대한 잔치를 할 정도로 장수하는 남자 어르신들이 많지 않았지만, 50대 할아버지의 죽음은 어린 나(국민학교 3학년 무렵)에게도 다소 의아했다. 할아버지 묘는 형찬네 밭의 끄트머리에 있었다.

형찬이네가 대구로 이사 간 후 형찬이 아버지만 여기 남아서 하던 일을 정리했다. 그때 형찬이의 입에서 나온 것인지, 동생 지민의 입에서 나온 것인지, 아마도 후자였을 거 같다. 적지 않은 논농사와 밭농사, 그리고 마당 관리 등을 우리가 아닌 우영이네 집에 맡긴다는 이야기였다.

바로 옆집인 우리한테 안 맡기는 것에 섭섭함을 넘어 배신감까지 느꼈다. 우영 아버지는 형찬 아버지를 무척 따랐다. 나이는 비슷하거나 오히려 많았을 듯한데, 대장과 부하의 느낌이었다. 그래서 형찬 아버지는 우영 아버지에게 맡겼던 듯하다. 그런 관계가 이해되면서도 여전히 의아하게 느껴진다.

얼마 전 삼 형제 이야기를 나누다 우영 아버지가 잘 계시나 물었더니 돌아가신 지 꽤 됐다는 이야기에 좀 놀랐다. 확실히 농사일처럼 육체적으로 힘든 일을 하는 경우, 거기다가 술 담배까지 한다면, 장수하기는 어려운 듯하다.

# 분서갱유 사건

5년 선배인 형 둘이 있었다. 훈식이 형과 우영이 형. 이 둘은 고등학교 때 의기투합하여 산토끼를 잡기로 했다. 그래서 높은 산에 올라 산토끼가 다닐 만한 길목에 목로를 잔뜩 설치해 뒀다. 새벽 4~5시쯤 두 형은 산에 올라갔다가 7시경에 하산했다. 두 형의 손에는 거의 네 마리의 토끼가 들려 있었다.

일찍 잡힌 토끼는 매나 독수리의 밥이 되어 있기도 했고 방금 걸린 토끼는 산 채로 잡아 왔다. 두 형은 그 토끼 중 한두 마리는 동네 어른한테 주기도 했고 대부분은 선산의 모 식당에 팔았던 듯싶다.

훈식이 형은 그 돈으로 참고서를 사고 자전거를 샀다. 그 형은 해군사관학교에 진학하여 현재 장교로 복무 중이다. 우영이 형은 그 돈으로 만화책을 사 모았다. 그 만화책은 결국 우리 집으로 다 모였다. 우리 형이 짤짤이를 잘해서 우영이 형의 돈을 다 따버렸다. 결국 만화책까지 팔아서 판돈을 건 것이다.

그렇게 모인 만화책은 줄잡아 100권은 훨씬 넘었다. 난 원없이 그 만화책들을 읽었다. 지금의 독서 습관은 그때 자리 잡았다. 우리 집에는 마당 한가운데 평상이 하나 있었는데 동네 친구, 형들이 모두 우리 집 평상에 앉아서 만화책을 읽었다. 요즘 만화방처럼 입장료를 못 받은 게 아쉽다.

이렇게 상황이 전개되다 보니 우리 어머니는 울화가 치밀어서 그 만화책들을 죄다 불태워 버렸다. '1981년 분서갱유' 사건이 벌어진 것이다. 그 옛날 진시황제처럼 인류의 유산이자 역사적 자료이자, 갖가지 교훈이 가득 담긴 문화재가 내 눈앞에서 활활 타오르고 있었고, 내 눈에는 눈물만이 주르륵 흘러내렸다.

지금까지 그 만화책들을 갖고 있었다면 권당 10만 원은 더 받았을 것이다. 아마도 현재 가치로 2,000만 원은 넘지 않았을까? 가슴 찡한 효자의 이야기를 비롯해 대그룹 회장의 실화 등 주옥같은 내용이 담겨 있었다.

# 영선이 누나

내가 어릴 적에는 환갑 즈음에 돌아가시는 동네 어른들이 많았다. 그래서 환갑잔치는 성대하게 치러졌다. 확실히 남자 어른들은 환갑을 넘기지 못하고 돌아가셨지만, 여자 어른들은 그 고비를 넘기고 팔구십 살까지 사셨다.

영선이 누나는 형의 동기로 나보다 다섯 살 많았다. 누나의 아버지는 비교적 일찍 돌아가셨다. 지병이 있었는지는 확실하지는 않다. 누나의 아버지가 보이지 않아서 의아했는데 갑자기 돌아가셨다고 들었다. 누나의 아버지가 살아 계셨을 때도 그랬던 거 같은데, 그 이후 누나는 어머니와 말싸움을 더 심하게 했던 듯싶었다. 아침에 학교 가는 길에 그 누나의 집을 지나쳐야 했다. 거의 매일 누나와 엄마는 핏대를 올리며 큰 소리로 싸웠다. 용돈을 달라는 누나와 돈 없다는 엄마의 싸움이었다. 액수는 잘 기억나지는 않지만, 큰돈은 아니었던 듯싶다. 500원이나 1,000원 이 정도의 금액이었을 것이다.

아무튼 볼썽사나웠다. 그 누나는 당시 고등학생이었는데, 내 눈에는 철이 없어 보였다. 얼마 지나지 않아 그 싸움이 끝나게 된 일이 생겼다. 상당히 젊어 보였던 그 어머니가 급사했던 것이다.

당시 어른들의 이야기에 따르면 위장이 터져 사망했다는 것이다. 그 이유는 며칠을 굶었던 누나의 어머니가 어느 잔칫집에 가서 과식했기 때문이다. 쪼그라든 위가 갑작스러운 과식을 감당하지 못했다. 이는 전부 당시 어른들의 이야기였다. 의학적으로는 맞는 이야기인지는 모르겠다. 아무튼 누나는 고아가 되어 버렸다. 얼마 뒤 누나가 이사를 가 버렸고. 그 누나는 내 기억 속에서 사라졌다.

고1이 됐을 때, 그 누나를 다시 볼 수 있었다. 내가 다니는 고등학교의 행정 직원으로 일하게 된 것이다. 그 누나는 지난 4~5년간 어디서 어떻게 지냈을까? 궁금했지만 차마 물어볼 수는 없었다.

누나는 한 번에 날 알아보곤 아는 체를 하며 꽤 챙겨 줬다. 철없던 고등학생이었던 그 누나의 마지막과는 확연히 달라져 있었다. 20대 초반의 아가씨가 됐고 분위기가 차분해 보였다. 방통대를 다니고 있었고 나중에는 보육교사가 됐다는 소식을 전해 들은 듯하다.

연이은 부모의 죽음이 누나에겐 감당키 힘든 아픔이었고 슬픔이었을 것이다. 그런 일을 겪으며 성숙한 어른으로 성장하지 않았나 싶다.

# 자전거를 탄 희생양

덕촌에 두 살 아래 경식이가 있었다. 경식이는 동생의 친구다. 경식이는 참 짠했다. 체구도 작았고 힘도 약했으며 싸움도 못했다. 아마 제일 약한 애였을 것이다.

하루는 교문 옆에서 우연히 경식의 싸움을 구경할 기회가 있었다. 내가 6학년 때였을 것이다. 경식의 싸움 상대는 여자 이영순이었다. 키는 엇비슷했다. 이영순은 공부도 잘했고 운동도 제법 했다. 핸드볼부의 핵심 선수였을 것이다.

처음에는 말싸움이었다. 말이 점점 험해지더니 주먹이 오갔다. 경식도 필사적으로 싸웠다. 그런데 영순이는 눈 하나 깜짝 안 하고 맞받아쳤다. 거의 권투 선수인 줄. 영순의 원투 스트레이트가 경식의 안면에 꽂혔다. 경식의 얼굴이 일그러지기 시작하더니 끝내 울음을 터트렸다. 완력으로 완전하게 게임이 안 됐다. 좀 웃기면서도 짠했다.

경식에게 네 살 위의 형이 있었던 거 같다. 내가 동네 친구들 여러 명과 함께 교문을 나서서 집으로 가고 있었다. 경식이 형이 홀로 자전거를 타고 오고 있었는데, 한 명 타라고 했다. 봉곡삼거리까지 태워준다고 했다. 그런데 우리 중 누가 탈지 애매해서 어쩔 줄 몰라 했다. 게다가 경식이 형의 인상이 꽤 험악했다. 누군가 희생양처럼 자전거에 타야 했는데, 그게 내가 되어 버려서 얼떨결에 탔다. 겁도 나고 불편했다. 몇 분 후 나는 내렸고 뒤따라오던 친구들을 기다렸는지 기억도 나지 않는다. 경식이 형은 선의로 타라고 했겠지만, 그게 우리에게는 부담이었다.

## 매를 키운 형들

크지 않은 동네였지만 윗동네와 아랫동네가 있었다. 아랫동네가 훨씬 컸는데 윗동네와 아랫동네를 구분 짓는 것은 도랑이었다. 도랑이라고 하기엔 컸고 개천이라고 하기에는 너무 작았다. 동쪽에서 서쪽으로 흐른 도랑에 큰 시멘트로 만든 큰 관을 심어 그 위에 흙을 덮은 후 길을 다졌다. 아무튼 윗동네와 아랫동네에는 묘한 이질감도 있었던 듯싶다. 겨우 50가구밖에 안 되지만 이런 느낌은 나만 가진 건 아니었을 거다.

아랫동네의 위쪽에 정수, 명수 형제가 살고 있었다. 그 형들의 가계가 좀 복잡했다. 함께 사는 엄마는 큰엄마였던 거 같다. 친엄마는 대구에 살고 있었던 듯싶다. 그래서 한 살 위였던 명수 형이 국민학교 5학년인가 6학년 때 대구로 전학을 갔다. 이미 다 커 버려서 고등학생이었던 정수 형은 그냥 살던 집에서 그대로 살게 됐다. 꽤 큰 집이었고 새로 지은 집이었는데, 엄마와 정수 형 둘만 살았기에 그 집은 동네의 사랑방 같았다.

아무튼 그 집에 아주 희한한 애완동물이 있었다. 바로 매였다. 새끼 매를 어디서인가 구했다. 산에 갔다가 홀로 있던 새끼 매를 갖고 내려왔던 거 같다.

새끼 매라고 해도 사실 좀 무서웠다. 부리가 굉장히 단단했고 날카로웠다. 그리고 그 무시무시한 발톱은 어떤가? 잠깐 방심하면 손이나 팔에 상처가 나거나 생채기가 났다.

매가 점점 커지면서 애매해졌다. 꽤 길을 들였기 때문에 도망가지는 않았다. 매가 올라탈 수 있는 튼튼한 가죽 장갑을 꼈다. 고등학생이었던 정수 형의 팔이 처질 정도로 매의 무게는 꽤 무거웠다. 더 이상 키울 수도 없는 순간이 왔다. 언젠가 놀러 갔을 때 그 매를 더는 보지 못했다. 참 무시무시한 애완동물이었다.

# 간발의 차이로 놓친 딸기

딸기라는 과일은 지금은 흔히 먹을 수 있고 사 먹기 어려울 정도로 비싼 편은 아니지만, 내가 어릴 때는 그렇지 못했다. 지금은 비닐하우스에서 딸기를 재배하니까 겨울에도 먹을 수 있지만, 원래는 초여름이 제철이다.

어릴 적 좋은 과일은 추석이나 설 등에만 맛볼 수 있었는데 그때에도 먹지 못했던 것이 딸기였다. 딸기 맛 산도를 맛나게 먹는 게 딸기의 맛을 느끼는 방법이기도 했다.

4년 선배인 정수 형의 한마디가 열댓 명을 달리게 했던 일이 있었다. 동네 한복판의 공터에서 형은 자기 집 뒷마당에 딸기가 하나 있으니 먹고 싶으면 가라고 했다.

형의 집까지는 대충 150미터는 됐다. 그 길을 죽어라 뛰었다. 결국 간발의 차이로 딸기를 놓쳤다. 그 딸기를 먹은 이는 아마도 발이 가장 빨랐던 지호였던 거 같다. 정말 딱 하나의 딸기가 있었다. 그걸 나눠 먹기도 애매해서 바로 그의 입속으로 직행하는 걸 구경했다. 아! 달리기를 더 잘 할 수 있는 유전자가 없었음을 탄식했다.

비슷한 무렵, 놀라운 광경을 목격했다. 정수 형의 동기인 정히 형의 집 뒷마당에서였다. 그 형의 집은 야트막한 벽돌벽으로 둘러싸여 있었다. 뒷마당 쪽은 논이었다. 특히 벼가 자라는 시절에는 그 집의 뒷마당 풍경을 보기 쉽지 않았다.

우연히 바라본 뒷마당에는 딸기밭이 있었다. 대충 20~30평이 넘었는데, 그 많은 딸기를 몰래(?) 먹고 있었다니…. 그리고 언제 그 많은 딸기 모종을 사서 심었을까 싶었다. 정수 형과 정히 형의 딸기밭이 대비됐다.

# 전력질주의 순간

진서 형은 공부를 아주 잘했다. 시골 학교인 선산고로 진학해서 전교 1등을 놓치지 않았다. 그리고 교원대로 진학했다. 교원대는 군사정권이 만든 특수(?) 교사 양성 대학교였는데, 교대만큼 들어가기 어려웠다.

형과 함께한 많은 일들이 기억에 남는다. 내가 국민학교 5~6학년 시절, 형은 고1, 고2 때라 비교적 우리와 어울려서 야구도 하고 대화를 나누기도 했다.

형이 어떤 정치인의 약력을 보고서 이런 이야기를 했다. '졸업'과 '수료'의 차이점에 대해서 국민학생인 나에게 자세히 설명해 줬다. 수료는 쉽고 졸업은 어렵다고 했다.

형의 집은 몰락한 '잔반殘班'의 느낌이 강했다. 꽤 잘사는 양반집이었다는데 아버지가 돈 관리를 못 해서 그 당시는 부유하게 살지는 못했다. 한번은 형의 집에 갔다. 형의 방은 오른쪽 끝

방이었는데, 방에 TV가 있었던 게 특이했다. 다 같이 TV를 잠깐 보고 나왔다. 방이 작았고 어두웠던 게 기억이 난다.

　5학년 때였을 것이다. 그때 온 동네 초중고 학생들이 모두 모여서 야구를 했다. 내가 속한 팀에 재영이 형이 있었고 진서 형은 상대 팀이었다. 야구장이 따로 있을 리 없다. 공동묘지에서 야구와 축구를 했다. 그 공동묘지는 제법 공간이 남았다. 무덤의 아래쪽을 홈 플레이트처럼 만들었고 거기의 네모 칸에 들어가면 스트라이크가 되는 걸로 했다. 즉 포수는 없었다.

　아무튼 형이 진루했고, 2루에 있을 때 생긴 일이다. 타자가 애매한 안타를 쳤다. 외야에 있던 재영이 형이 그 공을 잡았다. 그때 진서 형이 3루를 돌아서 홈으로 전력 질주를 했다. 그런데 사람이 있었는데도 재영이 형이 공을 홈으로 던지지 않았다.

　재영이 형이 번개처럼 달려왔다. 주자인 진서 형은 3루에서 홈으로 달려오고 있고 수비수인 재영이 형은 공을 집어 들고선 진서 형을 잡으려고 했다. 모두 그 광경을 재밌게 보고 있었다. 진서형이 먼저 홈으로 들어와 세이프, 득점할 것인가? 아니면 재영이 형한테 따라잡혀 '주루사'할 것인가?

　결과는 주루사였다. 진서 형은 왜소한데다 발이 빠르지 못했다. 반면 재영이 형은 체격도 좋고 주력이 굉장히 훌륭했다. 한동안 그 장면을 두고 이야기가 그치지 않았다. 진서 형은 어이

없어했고 재영이 형은 의기양양했다. 당시 전교 1등이 진서 형이었고 2등이 재영이 형이었을 것이다. 라이벌 아닌 라이벌 관계라 내게는 더 흥미진진했다.

진서 형은 교원대에 갔고 졸업 후에 군대에 갔다. 뜻밖에도 TV에 나왔는데, 〈우정의 무대〉에 출연했던 것이다. 그것도 큰 화젯거리였다. 애인이 출연하는 코너에서 애인이 면회를 온 것이다. 물론 둘은 부부 교사로 잘살고 있다.
  형은 경북지역의 교사로 지내고 있다. 모교에도 왔던 걸로 안다. 선산 지역에 있을 때는 선배로서 최선을 다했다고 다들 칭찬했단다. 40여 년 전 두 형의 전력 질주하던 모습이 왜 이리 선명하게 기억이 나는 걸까?

## 오래달리기 달인

우리 동네에는 아주 재미있는 형이 있다. 우리보다 3년 선배인 수현 형이 바로 그 인물이다.

수현 형은 병현의 형이다. 그 집은 좀 특이했다. 큰누나가 있고 작은누나와 수현 형, 병현, 이렇게 사 남매가 있었는데 큰누나와 병현은 키가 컸고 가운데 두 남매는 키가 작았다. 큰누나는 '크낙새'라고 불렀고 작은누나는 '짠다(?)'라고 불렀던 거 같다.

형은 동생과 키가 비슷했다. 세 살 터울의 동생과 비슷한 키면 작은 키였다. 이 형은 청산유수였다. 막힘없이 말을 잘했고, 재미있게 이야기하는 재주가 있었다.

내가 국민학교 고학년 시절에 동사무소 2층을 공부방 또는 회의실로 사용하게 됐는데, 거기서 이런저런 행사를 하기도 했다. 기억에 남는 장면이 두 개 있다. 하나는 일본 야구의 스타였던 장훈 타자에 관한 영화였다. 꼬마 시절 불에 손을 대는 상처를 입었고 그걸 극복하여 4번 타자가 됐다는 위인전 같은 영화였다. 그걸 전 학년을 다 모아 놓고 틀어 줬다.

한번은 전 학년이 다 모여서 무슨 회의인가를 했다. 아주 쓸데없는 회의였다. 당시 고등학생이었던 형은 자기가 연장자라고 으스댔고, '장로'라고 자칭했다. 장로들이 결정하면 아랫것들은 순종해야 한다는 이야기를 강조했다. 그때 장로라는 말을 처음 들은 듯싶다. 아마도 교회에서 장로라는 명칭을 쓰는 걸 보고 응용하지 않았을까. 한동안 장로 타령을 지겹게 들어야 했다.

수현 형의 집은 공터에 붙어 있었기 때문에 형의 방은 동네의 사랑방이 됐다. 정말 그 방은 늘 형들로 북적였다. 하루는 6학년 때였다. 마침 형, 누나들이 맥심커피를 마시고 있었다. 나더러 커피를 마시겠냐고 물었다. 아주 쓰다고 겁을 줬다. 난 호기롭게 쓴 거 잘 먹는다고 했고 커피 한 잔을 마시고 나왔다. 그게 나의 첫 커피였다. 그날 밤, 잠을 설친 기억은 없으니 난 카페인에 상당히 강한 체질인 듯싶다.

수현 형은 희한하게도 달리기를 잘했다. 특히 오래달리기에 능했다. 하루는 동네 대장인 재영이 형을 놀리고서는 도망쳤다. 운동 좀 하는 재영 형은 수현 형을 아주 쉽게 봤던 듯싶다. 공터에서 뛰어나와 저 아래쪽 신작로까지 달렸다. 우리도 금방 잡혀서 한 대 얻어맞을 줄 알았는데 의외로 잡히질 않았다. 심지어 살살 약까지 올리며 둘의 거리를 좁혔다 넓히기를 반복했다. 잡을 듯 잡힐 듯하면서도 끝내 잡히지 않고 도망갔다. 두 형은 신작로와 논, 밭으로 한 시간 가까이 뛰고 또 뛰었다. 모두 그게 너무 재밌고 신기했다.

또 한 번의 재미있는 일이 있었다. 나는 그걸 이야기로만 들었지 직접 보지 못한 게 아쉬웠다. 재영 형의 동생인 보영이(1년 후배)가 아주 뿔이 났나 보다. 분을 못 참고는 자기가 신고 있던 검정 고무신을 벗어서 그걸 수현 형의 뺨을 때렸던 것이다. 그게 꽤 오랫동안 화젯거리였다. 너무 웃기는 광경이었을 것이다.

장례식에서 수현 형을 만났다. 여전히 예전 얼굴이 많이 남아 있다. 말썽쟁이, 수다쟁이 노상하와 비슷한 이미지를 가졌다는 생각이 들었다.

## 정히 형의 괴력

정히 형이라고 불렀지만, 본명은 정현이었을 것이다. '정현이→정혀이→정히' 이렇게 발음이 됐을 것이다. 그 집은 이름 끝 자가 '현' 자 돌림이었으니 맞을 듯싶다. 이 형은 늘 얼굴이 화가 나 있는 것처럼 보였다. 지금 생각해 보니 속은 굉장히 따뜻하고 정이 많았던 듯싶다.

이 형은 삼 형제 중 둘째였다. 형은 연년생 형인 영현 형이 있었고 두 살 터울의 동생이 있었다. 삼 형제의 성격은 판이했다. 그 당시에도 늘 그렇게 느꼈는데 외모도 한 형제일까 싶을 정도로 다들 제각각이었다.

이 형은 우리 집에 자주 놀러 오는 편이었다. 그래서 생각나는 일이 참 많다. 제일 먼저, 이 형은 키도 크고 힘도 셌다. 한번은 내가 마당에서 톱질하고 있었다. 목질이 비교적 덜 단단한 소나무나 오리나무는 만만했지만, 가장 단단했던 참나무는 톱질이 여간 어려운 게 아니었다.

그때가 내가 국민학교 5학년 무렵이었다. 그 형은 고1 때였다. 참나무는 거의 콘크리트 느낌이 들 정도로 톱질해도 푹푹 들어가는 느낌이 들지 않고 손과 팔은 덜덜 떨리기만 했다. 그때 내가 답답해 보였는지 형이 내 톱을 뺏더니 힘주어 톱질했는데 거짓말처럼 참나무가 잘 잘리는 게 아닌가? 정말 '삼손의 재림'인가 싶었다.

정히 형이 좋아했던 누나가 있었다. 형의 집과 옆집은 놀랍게도 우물을 공유하고 있었다. 두 집 사이에 우물이 있었고 그 우물의 절반은 형 집에서 나머지는 경순 누나 집이 사용했다. 희한한 광경이다. 지금껏 살면서 이런 공유 우물을 듣지도 보지도 못했다. 아무튼 경순 누나가 그의 첫사랑이었다. 둘은 동갑이었고 각각 선산고, 선산여고에 다녔다.

형의 동기는 수영 형과 명수 형이 있었다. 싸움 서열이 수영, 정히, 명수 형 순서였다. 수영 형은 숫기가 없고 참 조용했다. 체구도 제일 작은 편이었다. 어느 날 그 착하고 조용한 수영 형이 화가 나 있었다. 그때 정히 형이 꼼짝 못 하는 걸 보고 꽤 놀랐다. 난 정히 형이 셀 줄 알았는데 정반대였다.

내가 6학년이었던 여름밤에 싸움이 붙었다. 당시 동사무소 2층은 공부방으로 꾸며져 있었다. 나와 진서 형 등이 거기서 공부하고 있었고 다른 형들은 공터에서 놀고 있었다. 그런데 갑자기 바깥에서 시끄러운 소리가 들렸다. 무슨 일인가 궁금해서 밖으로 나왔다. 정히 형과 명수 형이 한판 붙은 것이다. 어릴 때부터 정히 형이 훨씬 크고 강했는데, 명수 형이 고등학교 때 갑자기 키가 커졌고 둘은 체구가 비슷해진 것이다. 명수 형이 싸움을 배웠는지 상당한 싸움 실력을 갖췄다. 무슨 일로 둘이 티격태격하다가 주먹다짐으로 가 버렸다. 늘 몇 수 아래라 여겼던 명수 형이 너무 셌고 결국 정히 형이 얻어맞았다. 다른 형들이 급히 말렸는데, 정히 형은 너무 화가 났던지 울어 버렸다.

정히 형은 운동 신경이 형편없었다. 힘만 셀 뿐이었다. 특히 다 같이 야구를 할 때 그걸 느꼈다. 투수할 때마다 공을 힘차게 던졌지만 팔만 쓰는 듯했다. 다리, 허리, 손목 등을 모두 써야 강속구를 던질 수 있는데, 뻣뻣한 자세로 공을 던졌다. 그러다가 커브 공을 던졌는데, 느리게 큰 포물선을 그리면서 공이 날아왔다. 다들 깔깔대며 그 공을 '아리랑 볼'이라고 불렀다.

정히 형과 명수 형은 공부를 잘하지 못했다. 둘 다 고아고(현 현일고)를 다녔는데, 갑자기 선산고에 결원이 생겼고 정히 형은 재빠르게 전학을 갔다. 명수 형에게는 그 기회가 오지 않았다.

내가 공부하는 모습을 보던 정히 형이 공부에 도움 되는 꿀

팁을 줬다. 당시 형의 동기인 '수원' 형이 있었다. 이 형은 정말 전설이었다. 선산군 일대에서 그를 모르는 사람이 없을 정도로 공부를 잘했기 때문이다. 옆 동네 죽장리 집이었는데 자전거를 타고 다녔다. 이 형은 다리가 불편했다. 오른쪽 다리가 소아마비로 심하게 절뚝거렸다.

수원 형은 넓은 학교 도서관에서 새벽까지 혼자 공부했다. 추운 겨울날에는 담요를 덮어쓰고 공부했다. 결국 서울대 약대를 두 번 도전했다가 영남대 약대로 진학하게 됐고, 지금은 선산 읍내에서 약국을 운영하고 있다. 정히 형이 수원 형의 공부 방법을 보게 됐고, 그걸 나에게 전수(?)해 줬다. 간단했다. 아주 긴 종이에다가 필기하듯이 써 가면서 공부를 하더란 것. 나도 그 방법을 따라 했고 큰 도움이 됐다.

정히 형을 마지막으로 본 게 중2 때였을 것이다. 그 형은 졸업 후 취직했고 난 공부에 집중해서 볼 일이 없었다. 워낙 성실하고 우직했으니 잘살고 있을 것이다.

## 여덟 살의 흑역사

우리 동네는 시골에서도 작은 편에 속했다. 50여 가구로 기억하고 있다. 그런데도 학생은 많았다. 우리 학년은 일곱 명이었는데 남자 여섯 명, 여자는 한 명으로 홍일점이었다.

그런데 1년 위 선배는 우리와 정반대였다. 일곱 명은 동일하나 여자 여섯 명, 남자 한 명으로 청일점이다. 지금 생각해 보면 50가구밖에 안 되는데 한 학년에 일곱 명씩이나 있다는 게 신기하다.

여섯 명의 누나 가운데 셋은 고등학교에 진학했고 셋은 구미공단으로 취업해야 했다. 이런 이야기를 하면 무슨 60년대 이야기냐고 생각하는 이들이 많은데, 1986년의 이야기다.

중학교만 마치고 돈을 벌어야 했던 두 누나는 공부를 꽤 잘했다. 그중 한 누나는 선산여중에서 전교 1, 2등을 다퉜다. 하지만 미련 없이 부모의 결정에 따랐다. 그 누나는 특이하게 구미공단이 아닌 대구의 어느 공장으로 갔다. 거기서 '노동 전사'가 됐다고 들었다. 아마 그 누나가 대학을 갔다면 '심상정'급의 인물이 됐을 게 확실하다.

내가 중1 때 중2였던 동네 누나들이 우리 집의 작은 방에서 송년회를 하고 있었다. 과자 한 보따리와 음료수 몇 병을 준비해서 재밌게 놀고 있었다. 난 큰 방에서 TV를 보다가 희한한 광경을 보게 됐다.

잘 놀다가 싸움이 벌어진 것이다. 싸움이라고 하기엔 너무 일방적인 상황이었다. 공부를 잘했다고 한 누나가 여섯 명 중에서 제일 덩치도 좋았고 강해 보였다. 그런데 이 누나가 또 다른 누나에게 난타당하고는 엉엉 울면서 자기 집으로 갔던 것이다.

역시 보이는 것과 실제는 아주 다를 수 있다. 그리고 여자들 사이에서도 남자들처럼 치고받는구나 싶었다. 공부를 잘했던 누나를 이긴 그 누나의 싸움 실력은 내가 몸소 체험한 바 있었다. 내가 여자와의 싸움 전적이 1전 1패였는데 바로 그 누나였다. 키는 작았는데 어찌나 단단하고 힘이 셌던지 깜짝 놀랐다. 힘으로 안 되니 결국 돌까지 집어 들어서 이기려 했던 여덟 살 때의 흑역사였다. '뽄따리', '절구통', '빵간나' 등으로 불렸던 그 누나들은 지금도 잘살고 있을 거 같다.

## 싸움대장

찬이 형은 얼굴이 아주 험악했다.《톰 소여의 모험》의 '인디언 조'를 연상케 하는 무서운 얼굴이었다. 얼굴은 여드름 자국 같지는 않으나 달 표면처럼 움푹 팬 부분들이 많았다. 그렇다고 곰보까지는 아니었다. 덩치가 꽤 커 보였는데, 확실히 다른 형들보다는 10센티미터 정도는 더 컸던 듯싶다. 아마 싸움도 엄청나게 잘했을 거 같다.

이 형의 무시무시한 면을 두 번 경험했다. 한번은 봉곡1동 형들이 우리 동네에 놀러 왔다. 내가 국민학교 5학년 무렵이었다. 놀러 온 형과 초대한 형들은 아마도 고1 정도였을 듯싶고 찬이 형은 고3 정도였을 것이다.

  찬이 형이 옆 동네 형들 서너 명을 구석에 몰아세웠다. 그 집은 호두나무 집이었다. 사람들 눈에 잘 띄지는 않겠지만 그렇다고 으슥한 곳은 아니었다. 거기서 찬이 형이 씩씩대면서 욕을 했고 주먹과 발로 사정없이 때렸다. 정말 뼈라도 부러질 듯한 분위기였다.

아! 남의 동네는 함부로 가면 안 되는구나 싶었다. 그건 국민학생까지는 봐주는 분위기였고 중학교 이상이 됐을 경우는 생길 수 있는 불상사였다. 그 사건 이후로 봉곡1동을 관통해서 집으로 오는 게 좀 꺼림직했다. 괜한 불똥이 나에게 튈 거 같았기 때문이다.

또 한번은 동네 바로 위에 있던 공동묘지터에서 동네 형들과 함께 대략 15여 명이 정말 재밌게 야구하고 있었다. 우리 동네에서 선산 쪽으로 붙어 있는 동네는 고방실이다. 죽장2리인가 그럴 거다. 고방실에서 우리 동네로 넘어오는 지름길이 있었다. 그 길은 자전거나 오토바이로는 통행할 수 있다. 신작로로 가자면 300여 미터 밑으로 쭉 내려가서 올라와야 하기에 그 길을 이용하는 사람이 많았다.

아무튼 야구를 하고 있는데, 언덕 위에서 자전거 한 대가 빠르게 내려오는 게 눈에 띄었다. 비교적 먼 거리였지만 찬이 형이라는 걸 다들 알고 있었다. 그래서 중고등학생 형들도 바짝 긴장한 기색이 역력했다.

일단 얼굴이 붉었다. 술을 마신 상태였고 화가 잔뜩 나 있었다. 다짜고짜 모두 엎드리라 했다. 나는 아직 국민학생이고 어려서 열외를 시켜 줄 거 같았다. 하지만 그건 나의 착각이었고 바람일 뿐이었다. 야구 방망이로 힘껏 내리치는 데 정말 아팠다. 어린애들은 덜 아프게 때리고 적게 때렸던 거 같다. 형들은 정말 고통에 몸부림쳤다.

'왜 그랬을까?' 30년 넘게 혼자서 궁금해했다. 찬이 형이 묘지터에서 놀지 말라고 경고하지 않았을까 하는 생각이 들었다. 나중에 확인해 봐야겠다. 아마 기억하는 이가 없을지도 모르겠다.

찬이 형의 집이 동네 한복판의 공터 정면에 있었다. 공터에서 야구를 하다가 공이 찬이 형 집으로 넘어가는 경우가 종종 있었다. 그때는 정말 긴장했다. 닫힌 대문을 열고 들어갔다가 걸리면 반 죽을 수도 있기 때문이었다. 대체로 형은 없었고 아버지와 찬이 형의 형이 있곤 했다.

 찬이 형의 형은 동생과 달리 그다지 험악하지는 않았다. 사나운 그 형도 자기 형에게는 꼼짝 못 하는 듯했다. 찬이 형도 동네의 한두 살 위 형들에게는 고분고분했다. 당시 학교를 끊었는지 나이보다 두세 살 어린 동생과 학교에 다니던 형이 있었다. 그 형은 찬이 형보다는 학년은 아래였으나 나이는 한두 살 많았던 듯싶다. 그 무서운 찬이 형도 자기 형에게는 꼼짝 못

하는 걸 보면 모든 게 상대적인 듯싶다.

  찬이 형이 어느 날부터 안 보였다. 아마도 군대에 갔나 보다. 나는 동네 애들과 어울리지 않았고 자연스럽게 찬이 형을 더 이상 볼 기회가 없었다. 지금은 예순 살이 다 된 장년이 되어 있을 거다.

## 바람의 아들

성우 형의 전설을 듣고 자랐다. 아랫동네에는 성우 형이라는 '바람의 아들'이 있었다고 한다. 성우 형의 동생이 나보다 네 살 많았다. 아마도 성우 형은 나보다 여섯 살 또는 일곱 살 많았을 것이다.

'달리기' 하면 '성우 형'이라는 공식이 있었다. 친구들인 지호, 재식 등의 말에 의하면 그 형은 바람처럼 빨랐다고 했다. 거의 오토바이나 차만큼 빠르다고도 했다.

나는 솔직히 그 형을 본 적이 없었다. 국민학교 꼬맹이들 사이에서는 부풀려지고 또 부풀려졌다. 철없던 우리 사이에서 성우 형은 칼 루이스 수준 또는 그 이상으로 자리 잡았다.

아무튼 성우 형이 무척이나 그리워졌다. 맨날 대원한테 학년별 이어달리기에서 지는 바람에 우승은 못 하고 준우승에 머물렀기 때문이다.

난 소문이 생기기 시작하면 꼬리에 꼬리를 물고 얼마나 커지는지 몸소 체험했다. 성우 형 집은 내가 국민학교 4학년 무렵 이사를 했다. 그 형의 집은 동네의 오른편 끝 쪽에 있었고 그 집에는 우물이 있었던 게 기억이 난다.

가난하고 초라하게 살던 시절이었지만 그때를 돌이켜보면 소박해서 좋았고, 친구들과 함께한 사소한 일들이 얼마나 큰 행복감을 안겨 줬는지 알게 된다. 학창 시절엔 하루를 잘 보내기만 하면 그걸로 만족했다. 큰 욕심이나 바라는 것이 별로 없던 때라 더 좋았다.

세 번째 이야기

사소하지만
소중한
것들

# 책걸상의 대화

백일장이 열렸다. 고1 때였다. 난 백일장의 글짓기를 통해서 우리 반의 문제아가 누구인지 선생님에게 폭로하기로 마음먹었다. 더 정확히 말하자면 폭력 서클의 조직원이 누구누구인지 알리려는 목적이었다.

당시 압도적인 세력을 자랑했던 서클의 이름은 '야생마'였다. 다음이 '민들레', 그다음이 '블랙울프' 이런 순서대로 서클의 서열이 정해져 있었다. 난 야생마의 조직원이었던 경철이, 종욱이, 수철이, 상식이 등의 책상과 걸상을 의인화하여 글을 지었다. 대충 다음과 같은 내용이었다.

[책걸상의 대화]

경철이책상이 종욱이책상에게 하소연했다.

경철이책상 : 경철이 때문에 짜증 나 죽겠어.

종욱이책상 : 왜?

경철이책상 : 말도 마. 맨날 엎드려서 침을 엄청나게 흘려서 더러워 죽겠어.

종욱이책상 : 야! 그 정도는 애교 아닌가? 종욱이는 내가 무슨 고무판인 줄 아나 봐. 조각칼로 파내니까 아파 죽겠어. 이러다가 남아나질 않겠어.

옆에서 조용히 듣고 있던 수철이걸상이 끼어든다.

수철이걸상 : 야, 그 정도 갖고 그래. 난 내 몸통이 하나씩 뜯겨 나가고 있어. 엉덩이가 닿는 부분에 다섯 개의 조각목이 있는데 어제는 제일 안쪽의 조각목을 뜯어서 난롯불에 던졌어. 이러다가 부서질까 무섭다.

상식이걸상 : 우리 다 같이 궐기대회라도 해야 하는 거 아냐?

이런 식의 글이었다. 당연히 대상을 받았다. 문제는 이게 학교 소식지에 그대로 실렸던 것이다. 실명 그대로다. 난 이런 사실을 까마득히 모르고 열심히 문제를 풀고 있었다.

그런데 내 옆에서 누군가가 씩씩거리는 느낌이 들었다. 고개를 드니, 종욱이의 상기된 표정이 눈에 들어왔다. 엄청나게 화난 듯 보였다. 종욱이가 한마디 던졌다.

"야, 너무한 거 아니냐?"

난 미안하다고 말하며 고개를 푹 숙였다. 한참 서 있던 종욱이는 자기 자리로 돌아갔다.

난 그날 죽음의 공포를 느꼈다. 오늘 맞아 죽을 수도 있겠구나 싶었다. 좀 이따 뒤로 따라오라는 식의 말을 예상했다. 두려움에 덜덜 떨고 있는데, 가장 키가 컸고 달리기 일등이었던 상식이가 와서 별일 없을 거라고 안심시켜 주고 갔다. 정말 위로가 됐다. 조마조마한 시간이 지났고 모두 집으로 돌아갔다. 휴! 천만다행으로 그냥 넘어간 듯했다.

그때 다른 야생마 조직원들의 눈치를 살폈는데 별로 개의치 않는 듯했고 어떤 애는 자기가 글에 실렸다고 좋아하기까지 했다. 지금 생각해 보니 상식이가 종욱이에게 그냥 봐주자고 하지는 않았을까 싶다.

상식이는 졸업 후 경찰이 됐다. 참 어울리는 직업이라 여겼다.

# 가문의 영광

마해영 전 야구선수는 〈자기야〉를 비롯해 〈유자식상팔자〉라는 예능 프로그램에도 나왔고 야구해설가로도 활약했다. 마해영 선수는 삼성의 제대로(?) 된 첫 우승의 주역이었다. 2002년 삼성과 LG의 한국시리즈 6차전 9회 말 마지막 공격을 남겨 둔 삼성은 9대 6으로 지고 있었다. LG 투수는 이상훈. 게임은 사실상 끝난 셈이었다. 그런데 이승엽의 동점 3점 홈런이 터졌고 연이은 마해영의 역전 홈런으로 삼성이 우승했다. 1985년에 전기, 후기 동시 우승으로 인해 한국시리즈 자체가 성립되지 않은 그해의 우승이 처음이자 마지막이었던 삼성에게는 오리지널 우승이 그때였다.

내 친구 중에서도 이름이 마해영인 애가 있었다. 마해영도 키가 컸다. 공부도 잘했다. 중2 때 우리 반 1등으로 들어온 거 같았다(내가 2등 또는 3등). 이미 키가 170센티미터 정도 됐고 좀 시크하면서도 지적이었다. 2학기 때 대구로 전학을 가게 됐는데, 전학 가기 얼마 전 사건이 터졌다.

윤리 담당은 별명이 발바리인 이현석 선생님이었다. 그날 마해영은 윤리 수업 시간에 소설책을 읽고 있었다. 이현석 선생님이 옆에 가서 책 집어넣으라고 했을 때까진 분위기가 나쁘진 않았다. 그런데 갑자기 이현석 선생님이 왼팔의 손목시계를 풀고 마해영의 뺨을 사정없이 때렸다. 마해영이 'C'라고 했기 때문이란다. 마해영은 안 했다고 했지만, 이현석 선생님이 잘못 들은 건지, 아니면 자기도 모르게 나왔는지도 모르겠다.

제일 뒤쪽 자리에서 교탁까지 이현석 선생님의 양손 공격이 쉴 새 없이 쏟아졌다. 이현석 선생님이 키가 10센티미터 가까이 작았으므로 싸대기 윗부분을 때린 것이다. 대충 세어 봐도 20대는 맞은 거 같았다.

난 가끔 마해영이 궁금했다. 아마 좋은 대학을 갔을 거라고 짐작했다. 그 궁금증은 얼마 전에 풀렸다. '번개'로 불렸던 사나이, 동철이가 동네 친구였는데 그에게서 마해영의 근황을 듣게 됐다. 경북대 공대를 나와서 대기업에 취직했다가 얼마 전에 명퇴하고 집에서 쉰다고 했다. 대구 경북에서는 경북대를 가면 '가문의 영광' 분위기였다. 시골 어르신들에게는 서울대가 1등, 2등이 경북대 분위기였다. 연대 합격 후에 외갓집에 인사하러 갔는데, 그때 동네 어르신들이 나더러 "조금 더 열심히 해서 경북대를 갔으면 좋았을 텐데" 하는 소리를 듣고 아무 말도 할 수 없었다.

# 위험한 망각

4학년 때였다. 같은 동네 친구인 지호와 둘이서 하굣길에 올랐다. 교문을 나서면 우리 앞으로 경운기가 지나갔는데, 꽤 빠른 속도였다. 경운기는 볏짚을 가득 싣고 있었고 밧줄로 볏짚을 단단히 고정했다.

걸어서 10리 길을 가는 건 지금의 우리에게는 쉬운 일이 아니지만, 당시에는 달랐다. 매일, 월요일에서 토요일까지 6일을 그렇게 걸어 다녔다. 가끔은 뛰기도 했다. 뛰다 보면 원치 않는 부작용이 있었다. 아침에 뛰면 가방 속 사각 도시락의 밥이나 반찬이 아래쪽으로 쏠려서 밥이 떡이 될 수도 있었다. 반면 오후 하굣길에서 뛰면 빈 양은 도시락 속의 숟가락이 움직여서 너무 시끄러웠다. 그리고 도시락의 안쪽 면에 소소한 흠집이 잔뜩 생겼다.

아무튼 종종 달리는 경운기가 우리에게는 무임승차 해도 되는 운송 수단처럼 느껴졌다. 짐이 잔뜩 실린 경운기라면 경운기를 운전하는 아저씨의 눈에는 띄지 않아서 매달려서 가곤 했다. 가끔은 짐이 없는 텅 빈 경운기에도 도전했다. 경운기가 워낙 시끄러운 탓도 있었고 길이 신작로이긴 하지만 비포장도로라서 더더욱 시끄러웠다. 운전자는 앞을 잘 보고 달려야 해서 뒤를 쳐다볼 여유가 없었다. 빠르게 달리는 경운기에 올라탈 놈이 있을까 싶었을 것이다. 만약 들키면 크게 혼나기도 했다. 우리는 몰래 타고 납작 엎드려서 완전 범죄를 저질렀다.

여느 때와 마찬가지로 우리는 달리는 경운기 뒤편으로 몰래 뛰어가 경운기 뒤편에 매달렸다. 짐을 고정하는 밧줄을 잡고선 버텼다. 덕촌 삼거리를 지날 무렵 팔의 힘도 떨어져서 이제 뛰어내리려 했다. 꽤 빠른 속도로 달리는 경운기에서 내리려면 요령이 필요했다. 그냥 뛰어내리면 바닥에 퍽 쓰러지게 마련이므로 어느 정도 뛰면서 자연스럽게 밧줄을 놓아야 했다.

여기서 문제가 생겼다. 어쩐 일인지 팔이 안 빠지는 것이다. 무엇인가에 끼어 버렸다. 순간 당황했고 겁이 났다. 아무리 힘을 써도 안 빠졌다. 옆의 지호도 걱정스럽게 보면서 힘껏 달리고 있었다. 점점 힘이 빠져나갔다. 이제 뛸 힘이 부족해졌다. 이대로 가다간 경운기에 매달린 채 끌려갈 판이었다. 이래서 어른들이 달리는 경운기에 매달리거나 타지 말라고 했구나 싶었다.

그때 손이 풀려났다. 천만다행이었다. 조금만 더 늦었더라면 난 신발이며 옷이며 바닥에 다 긁혀 초주검이 될 판이었다. 아! 하늘에 계신 분이 도우셨나 보다. 다시는 그런 짓을 하지 않으리라 다짐했다. 하지만 그 후로 여러 번 그런 위험한 짓을 했다.

망각이란 인간에게 주어진 선물이라고 한다. 그러나 사고가 날 뻔했던 아찔한 순간을 경험했는데도 금방 잊어버리다니…. 망각이란 선물을 잘 써야 할 것 같다.

# 그녀는 예뻤다

미숙이는 나의 은인이었다. 5학년 올라가는 날, 난 1반으로 배정되었고 키 순서대로 남자 여자 각 한 줄로 서서 짝꿍을 정하는 그 운명의 시간. 난 정말 짝이 안 되었으면 싶은 애가 있었다. 그 애가 내 옆에 서 있었다. 내가 알기로는 우리보다 무려 두 살이나 많았다. 2년 일찍 입학했지만 2년을 꿇어서 결국 우리와 같은 학년이 됐다고 들었다. 게다가 엄청 지저분했다.

아무튼 그 애와 1년을 함께할 생각에 앞이 깜깜했다. 그런데 교문 쪽에서 아침 해가 저 앞산의 지평선 위로 솟아오르듯, 세 명이 나타났다. 바로 미숙과 어머니와 동생 민숙 셋이었다. 막내인 남동생은 아직 입학 전이었다. 혹시 하는 마음이 마구마구 솟아올랐다. 나의 바람대로 5학년이다. 1반? 2반? 어디로 가나? 천만다행으로 1반이었다. 지저분한 애와 키를 재는데 미숙이가 약간 더 작아서 내 짝으로 정해졌고, 난 그걸로 만족했다.

자세히 보니 미숙이는 예쁘고 세련됐다. 컨트리 걸만 보다 시티 걸을 보니 다르긴 확실히 달랐다. 얼굴이 뽀얗고 옷도 잘 입었다. 대충 입는 여자애들과는 달랐고 가끔은 세미 정장 느낌의 치마도 입고 왔다.

시간이 흐를수록 정이 들고 호감이 생기니 질투심도 느껴졌다. 앞자리의 강욱이와 뒷자리의 수호가 미숙이를 좋아하는 눈치가 역력했다. 특히 수호가 위험(?)했다. 수호는 귀공자처럼 생겼고 인기도 많았기 때문이다.

그런데 수호가 손버릇이 나쁜지 아니면 나를 시기 질투했는지 툭툭 칠 때가 많았다. 내가 몇 번 경고했음에도 멈추지 않았다. 결국 점심시간에 싸우게 됐다. 말이 싸움이지 곧바로 때려눕히고 실컷 화풀이했다. 남자의 질투심이 담긴 펀치였다. 친구들이 뜯어말려서 일방적인 싸움은 끝이 났고 어색한 분위기가 흘렀다. 미숙이가 괜찮냐고 물어보며 걱정해 주긴 했는데, 오히려 더 화가 났다. 왠지 내가 나쁜 놈이 되어 버린 느낌이었다. 분명 수호가 먼저 잘못했는데 말이다.

주번이 되면 평소보다 한 시간 정도 먼저 와서 청소도 하고 주전자 물도 떠 놓고 해야 했다. 난 미숙이가 주번일 때면 평소보다 훨씬 일찍 와서 미숙이가 할 일 없게끔 다 해 놓았다. 그리고 방학 때면 남녀가 한 조가 되어 학교에 하루 나와서 온

실에 물도 주고 해야 했는데 미숙이랑 함께해서 참 설레고 좋았다.

　집으로 가는 여러 갈래 길 가운데 미숙이네 집 앞을 지나가는 길도 있었다. 하루는 집을 쓱 지나가는데 미숙이가 막내 남동생을 막 혼내고 있었다. 아마도 여섯 살이나 일곱 살쯤 되어 보이는 아주 귀엽고 잘생긴 남자애였다. 마음속으로 처남이라고 생각했나 보다. 그만 혼내라고 한마디하고 지나갔다.

　그렇게 1년이 후딱 지나갔고 6학년이 됐다. 내 관심은 오로지 미숙이와 같은 반이 되느냐 마느냐였다. 운명의 주사위는 던져졌다. 결과는 꽝! 난 2반, 미숙이는 1반. 하늘이 무너지는 듯했다. 운명이 야속했다. 난 어느새 내 기도 제목이 정해져 있었다. 교대에 가서 선생님 되는 것과 미숙이와 결혼하는 것이었다. 아마 4~5년은 그런 기도를 했던 거 같았다. 미숙이가 6학년이 되어 공부도 잘하게 되고 잘 지내는 것이 좀 서운했다. 나 없이 잘 살고 있다니….

시간이 흘러 고2가 됐다. 미숙이 생각을 종종 했다. 어느 날 경북약국(도서관)에 가는 길이었다. 아마 여름방학 때였던 듯하다. 조금 거리는 있었으나 미숙이와 다른 친구가 보였다. 미숙이는 나를 알아보는 눈치였다. 그리고 오른손을 입에 대고는 '쪽' 하고 입맞춤하는 시늉을 한 후 그 손을 내게로 보냈다. 아! 그 떨림… 좋았다. 가슴이 쿵더쿵쿵더쿵했다. 미숙이도 날 좋아했구나, 지금도 그럴지도 모르겠다 싶었다.

얼마 후 국민학교 동창회 때문에 미숙이네 집에 갔다. 내가 회장이어서 일일이 돌아다니며 회비도 걷고 참여를 독려했다. 미숙이 아버지도 계셨는데, 아버지는 농담 반 진담 반으로 우리 미숙이를 믿고 맡겨도 되냐고 했다. 동창회에서 무슨 일이 있을까 봐 걱정하시는 듯했고, 나는 잘 챙기겠다고 했다. 마치 장인이 사위에게 말하는 것처럼 생각됐다. 그러나 미숙이는 동창회에 참석하지 않았다.

많은 시간이 흘러 미숙이는 결혼했고 선산막창집을 열었다고 했다. 다음카페 동창회를 통해 서로 연락이 됐다. "내가 네가 고2 때 한 일을 나는 알고 있다"라고 했더니 따로 문자를 보냈다. 손 키스 이야기였는데 뭔가 찔리는 게 있었나 보다.

미숙이가 하는 막창집을 들렀다. 남편이 신경 쓰지 않을까 살짝 걱정됐다. 그런데 문이 잠겨 있었다. 나중에 사정을 들어보니 참 재수 없는 사고가 생겼던 것이다. 골목길에서 택시를 타고 내리는데, 반대쪽에서 차가 와 벽 쪽으로 급히 내리다가 차문에 손가락이 끼었다고 했다. 그런데 끼인 정도가 아니라 손가락이 잘려 버린 것이다. 접합수술을 했고 보상 문제 등으로 아주 힘들어서 한동안 가게 문을 닫았다고 들었다. 선산에 내려가면 한번 들려야겠다.

# 결국 인생은 평균으로 수렴한다

강욱이(162센티미터)가 달수(185센티미터)보다 키가 컸던 때의 이야기다. 내 기억으로 달수가 제일 키도 컸고 덩치도 좋았다. 형배도 키가 엇비슷하게 컸던 거 같지만 근육이나 살이 부족하여 달수가 제일 컸던 듯싶다. 졸업할 무렵에는 규철이가 훌쩍 자라 제일 컸을 거다.

내 눈에 참 이상한 현상이 보였다. 또래 친구들의 키가 더 컸다가 작았다가 왔다 갔다 하는 것이다. 특별히 눈에 들어온 친구들이 달수, 지호, 그리고 강욱이다.

달수와 지호는 사촌이다. 달수 아버지가 첫째, 지호 아버지가 둘째, 혜정이 아버지가 셋째인가 그럴 것이다. 달수와 지호는 키의 패턴이 똑같았다. 달수는 꽤 컸고 지호도 큰 편이었다. 그런데 둘 다 국민학교 고학년이 되면서 평범한 키가 되어 버렸다. 아마도 남들이 훌쩍 크는 시기에 그들만 평소처럼 컸을 것이다. 사춘기 때 1년에 10센티미터 가까이 크는데 달수나 지호는 3~4센티미터 정도 컸던 거 같다.

결국 중2 때는 달수가 키 번호가 뚝 떨어졌을 거다. 그때 달수와 강욱이가 같은 반이었는데 거짓말처럼 강욱이는 20~30번 대였을 정도로 나보다는 당연히 컸고 달수보다도 컸다. 확실히 더 컸다. 지호도 그 무렵 그다지 크지 않았다.

그때 달수 키는 바닥을 치고 튀어 오르기 직전이었던 모양이다. 달수는 중학교 졸업하고 전자공고로 갔다. 그 후 고등학교 졸업하고서 봤을 때 깜짝 놀랐다. 키가 엄청나게 커 있었기 때문이다. 지호도 여고 졸업식 때 봤다. 혜정이 때문에 왔던 모양인데 키가 꽤 커 있었다. 남들 훌쩍 클 때 조금씩 크다가 고등학교 무렵에 뒤늦게 확 커 버린 것이다.

나도 비슷한 경우다. 6학년 때 분명 용석이는 나보다 작았다. 그런데 난 중3 때까지 매년 3~4센티미터씩 참 더디게 컸다. 아마 그때 150센티미터도 안 됐을 것이다. 용석이가 나더러 '난쟁이'라고 불렀다. 솔직히 듣기는 안 좋았다. 그때 난 깨달았다. 난 외모는 포기해야 한다는 걸. 작은 키는 늘 아킬레스였다. 매년 키 번호가 1번이 될까 봐 조마조마했다. 다행히 3번까지만 갔다. 위 공기가 어떤지 진짜 궁금했다. 키 큰 사람은 절대 모를 아픔들이었다.

아무튼 고등학교 때 컸나 보다. 그때 학교에서 우유 급식을 하게 됐는데 그 우유 탓인지 키가 나도 모르게 훌쩍 컸다. 170센티미터는 넘었으니 극적인 반전인 셈이다.

내가 깨닫게 된 진실은 키는 결국 평균 키에 대충 수렴한다는 것이다. 우리 남자 키 평균이 170센티미터가 조금 넘었는데, 고3 때 보니 대충 그랬다. 제일 컸던 이상식도 180 수준이었고, 항상 1번이었던 엄은수도 결국 170 수준이 됐다. 아무리 애를 쓰든 안 쓰든 평균 근처에 모이게 되어 있다.

## 1등이 뭐라고

국민학교 6학년 때 있었던 일이다. 그 당시 학교에서 단거리 마라톤 대회를 열었다. 아마도 학교 정문에서 출발하여 대원저수지 끝부분을 찍고 다시 돌아오는 코스였던 거 같다. 대충 4~5킬로미터쯤 되는 거리였을 것이다.

완주도 힘든 그 코스를 시종일관 1, 2등으로 달린 두 여학생이 있었다. 하나는 6학년 유선이, 또 한 명은 대원에 사는 5학년 민경이었다. 학년은 달랐지만 둘 사이에는 묘한 라이벌 의식이 있었다. 사실 둘이 함께 겨룰 대회는 거의 없었는데, 둘의 달리기 실력은 탁월했다. 웬만한 남학생과 겨룰 만큼 스피드가 대단했다.

아무튼 보는 이의 손에 땀이 날 만큼 박빙의 승부가 펼쳐졌다. 드디어 결승선을 50여 미터 남겨 둔 그때, 교문에서 신작로까지는 20미터쯤 되는데 경사가 제법 있어서 운동장 가운데쯤 있는 결승선에서 보면 교문 바깥은 잘 보이지 않는다.

교문 쪽에 두 얼굴이 거의 동시에 나타났다. 유선이와 민경이였다. 간발의 차로 앞서던 유선이가 넘어졌다. 유선이의 발이 민경이의 무릎에 부딪혔다. 물론 민경이도 유선이의 옆으로 넘어졌다. 순간 묘한 침묵이 흘렀다. 먼저 일어선 것은 민경이였다. 하지만 유선이의 두 눈에는 투지가 넘쳐 보였다. 이를 악물고 일어선 후 온 힘을 다해서 달렸다. 결국, 피니시라인 직전에서 둘은 또 엉켜 버렸다. 둘의 무릎은 피로 물들어서 보는 이의 마음을 아프게 했다. 이번에는 유선이가 먼저 일어났고 결국 1등을 먹었다. 둘 다 눈물을 흘리며 뻗어 버렸다. 솔직히 지금껏 이런 감동적이면서 처절한 승부를 보지 못했다.

'1등이 뭐라고?' 이런 마음도 솔직히 든다. 난 육상 경기를 보는 게 좋다. 올림픽 경기야 당연히 재밌지 않은가. 중고등부 전국대회 경기도 종종 본다. 100미터 라이벌인 박원진, 비웨사(두 사람은 KB금융그룹의 모델이기도 함)의 엎치락뒤치락도 흥미롭게 지켜보곤 했다. 육상 경기의 꽃은 달리기다. 그냥 두 다리로 달리는 그 단순한 경기가 재밌고, 그 선수들이 멋있다. 최선을 다하는 모습, 결승선을 통과한 후 바닥에 쓰러져서 가쁜 숨을 들이켜고, 울고 웃는 그 모습을 보면서 크게 감동한다.

# 대원동의 영숙이

몇 해 전 '신도림 영숙이' 이야기가 정말 유명했다. 요점만 말하면 여자랑 이야기할 때는 지금 상황에 공감하며 '리액션'을 조금이라도 하라는 것이다.

난 신도림 영숙이가 아니라 대원동의 영숙이가 생각났다. 영숙이는 키가 참 컸다. 지금도 크지만 국민학교 시절에는 남녀 통틀어 제일 컸다. 대원의 1년 후배였던 '장미'라는 애랑 다닐 때는 전봇대 두 개가 걸어 다니는 줄 알았다. 장미는 1학년 때인가 도시로 전학 갔고 나중에(4학년) 구미 운동장에서 선수 대 선수로서 잠깐 봤다. 그 당시 체육 선생님이 운동을 아주 중요하게 여기셨다. 그래서 육상선수들을 선발해서 100미터, 200미터, 오래달리기 등을 훈련시킨 후 경북 또는 구미 대회에 참가시켰다. 거기서 멀리뛰기 선수로 참가한 장미를 봤을 때 꽤 반가워했던 게 기억난다.

영숙이는 달리기도 꽤 잘했다. 난 포상의 유선이가 제일 빨랐다고 생각했는데 영숙이가 더 빨랐다는 이야기를 듣고 내 기억이 잘못됐구나 싶었다. 하긴 4학년 때 영숙이를 골려 먹고 도망치다가 뒷덜미를 잡혔던 적이 있었으니 실제로도 영숙이가 제일 빨랐을 것이다. 나중에 영숙이가 직접 밝힌 것으로는 자기는 1월생이라 출전 자격이 없어서 선발되지 않았다고 했고, 유선이와의 맞대결에서는 유선이가 트랙 안쪽으로 뛰는 꼼수에 당해서 1등을 놓쳤다고 했다. 당시 담임 선생님은 그 사실을 공론화하지 못했고 따로 영숙이를 위로해 줬다고 했다.

영숙이는 노래를 시키면 세상에서 가장 짧은 노래를 부르곤 했다. '노래 시작했다, 노래 끝났다'라는 어이없는 노래를 불러서 친구들의 공분을 사기도 했다. 나도 가끔 이 노래를 부르곤 한다.

영숙이 하면 잊을 수 없는 사건이 있었다. 등교하는 길에 저수지에 빠진 기상천외한 사건이었다. 영숙이는 친구들과 함께 저수지 옆의 큰길을 걷고 있었다. 그날은 기분이 아주 좋다고 하면서 두 팔을 벌리고 빙빙 돌면서 춤을 췄다. 그런데 좀 많이 돌았는지, 그날은 더 어지러웠는지 그대로 옆의 저수지에 풍덩 빠졌다. 저수지는 아주 컸고 깊었다. 그 저수지에 1년에 한 명 꼴로 빠져 죽었다. 자살도 있었을 테지만 대부분 수영 미숙 또는 수초에 걸려서 익사했다. 영숙이도 그날 죽는 줄 알았다고 했다. 물가로 드리운 나뭇가지를 겨우 잡고 기어올라 간신히 집으로 돌아갔다. 아마도 그날은 결석한 거 같았다. 함께 오던 친구들이 그 사실을 선생님에게 전했고 다들 깔깔 웃었다. 난 물에서 살아나온 게 더 신기했다.

그 영숙이는 지금 수원에 사는데, 한 달에 한 번 연세암병원에 온다고 들었다. 암을 조기 발견해서 수술하고 항암치료를 받고 있다고 한다. 친구의 쾌유를 기도한다.

# 희한한 삼 남매

포상동의 김종서, 난 얘가 너무 조용해서 종서에 관한 것은 거의 기억나지 않는다. 안정애랑 맨날 같이 붙어 다닌 그 장면만 오직 기억난다. 종서는 컸고 정애는 작았다. 둘 다 조용한 성격이어서 이렇다 할 사건이나 대화는 없었다.

난 종서의 두 오빠가 늘 생각났다. 내 기억으로는 연년생이었다. 1년 위 오빠가 경철(?), 2년 위 오빠가 종현(?)이었던 거 같다. 4학년, 5학년, 6학년 삼 남매가 연달아 다니는 것은 굉장히 특이했다.

종현 형은 대단한 미남이었다. 형이었지만 동생이 키가 더 크고, 넝치도 더 컸다. 형 동생이 바뀌었다고 해도 믿을 정도였다. 종현 형은 제기차기를 기막히게 잘했다. 좀 과장하자면 한 시간 내내 찼다. 굉장히 안정적인 자세가 인상적이었다. 덕촌국민학교의 제기왕이었다.

동생인 경철 형은 정말 존경할 만했다. 《우리들의 일그러진

영웅》의 '엄석대' 같은 느낌이 강했지만 여자들에겐 세상에 둘도 없는 신사였다. 키가 또래보다 훨씬 컸고 태권도를 배웠다고 들은 거 같다. 상당히 세 보였던 봉곡의 상현이 형도 대원의 오영이 형도 꼼짝을 못했다. 그 형이 그 반의 지배자이자 독재자였다.

  하루는 경철 형 반의 어떤 남자애가 여자애를 괴롭혔나 보다. 고무줄을 끊었는지 어쨌는지 모르겠다. 그날 '집합'을 걸었다. 군대에서 상병 고참 시절 또는 병장 고참 시절, 내 아래로 다 창고 뒤로, 또는 옥상으로, 지하 전기실로 집합하면 정말 죽을 만큼 무서웠다. 머리 박거나 맞거나 그랬는데, 아무튼 딱 그 느낌이 비슷했다. 남학생 전부 두 줄 또는 한 줄로 줄지어 섰다. 그러면 경철 형은 얼차려를 주든가 때리든가 아니면 훈계하든가 그랬다. 정말 놀라운 광경이었다. 누나들은 경철 형을 엄청나게 좋아했다. 담임 선생님도 꽤 편애했을 것이다.

우리 1년 선배들은 단합이 잘됐다. 엄청나게 친하며 동창 모임도 꽤 잘 된다. 그게 참 부러웠다. 우리 동네에 명수 형이 있었다. 동네에는 다섯 명의 누나가 있었는데 청일점이었다. 이 형은 정말 존재감이 없었고, 5학년 때 전학을 갔다. 수십 명의 형들, 누나들이 교문까지 배웅했다. 교문을 나서는 명수 형이 울었다. 꽤 많은 누나가 우는 걸 봤다. 삽시간에 울음바다가 됐다. 충격적이었다. 우리도 숱한 전학이 있었지만 그런 광경은 없었다. 종우가 갈 때도, 형찬이가 갈 때도, 경찬이가 갈 때도, 재식이, 정욱이 등 많은 친구가 전학(대부분 대구행) 갔지만 그냥 가나 보다 했다. 누구 하나 울지 않았다.

졸업식 날 그렇게 서럽게 우는 형들과 누나들 처음 봤다. 마치 다시는 만나지 못할 사람처럼 말이다. 우리 졸업식 날에는 우는 친구들이 없어 보였다. 1년 선배들은 지금도 자주 동창회를 하고 참석률도 꽤 높다고 한다.

한참 후 알게 됐는데, 종서의 집은 교회였다고 한다. 소재에 있는 교회였던 걸로 안다. 삼 남매 모두 대구로 유학을 떠났다고 생각했는데 나중에 알고 보니 다른 동네 교회로 가게 됐다고 했다. 그 삼 남매는 어떻게 살았고, 살고 있을까? 사모나 목사님이 됐을지도 모르겠다. 조만간 누나에게 물어보면 알 수 있을 듯싶다.

## 두 명의 영호

권영호는 소재동의 영호이고 배영호는 포상동의 영호다. 배영호는 늘 조용하고 얌전했던 듯싶다. 원래 성격은 그렇지 않았는지 모르겠다. 2학년 때, 영호랑 꽤 친하게 지냈다.

내가 말도 안 되는 사고를 친 적이 있었다. 하굣길에 나랑 형찬이가 함께 길을 걷고 있었다. 그때 마침 옆집의 나이 많은 조카가 오토바이(125cc 급)를 타고 신곡(봉곡2동, 무실)으로 향하고 있었다. 우리 둘 다 태워 주겠다고 했다. 뭐 꼬맹이 둘이니 뒷자리에 타기에 넉넉했다. 그리고 꼭 잡으라 했다. 물론 헬멧 같은 건 없다. 신곡 마을 중턱까지 다 왔다. 보영이네 집으로 가는 삼거리 무렵 속도가 느려졌을 때, 나는 참을 수 없는(?) 호기심에 발을 바퀴 쪽으로 쓱 댔다. 그리고 타타타닥 큰 소리가 났고 나는 비명을 질렀다. 달리는 오토바이 바퀴 속으로 발을 집어넣는 말도 안 되는 멍청한 짓을 한 것이다.

불행 중 다행인 것은 신발 앞쪽이 아니라 뒤쪽이어서 신발이 벗겨지고 뒤꿈치가 까지는 부상에 그쳤다. 다치고서도 많이 혼났다. 혼날 만했다. 한동안 아버지의 자전거로 등교했다. 하교는 어떻게 했는지는 기억이 없다. 아버지는 그 당시 한농에 다니셨고 아침 일찍 구미공단행 버스를 봉곡삼거리에서 타야 했다. 그래서 나의 등교 시간은 아침 7시쯤이었던 거 같다.

등교 시간이 빨라야 8시인데, 너무 이른 등교였다. 그 시간에 나 말고도 등교한 친구가 바로 배영호였다. 이유는 모르겠다. 아무튼 둘이 곧잘 놀았다. 내 기억으로는 영호도 보기보다 꽤 까불거렸다. 어떤 날은 놀다가 금세 배가 꺼져서 애들 오기 전에 점심을 까먹기도 했다. 아침을 너무 일찍 시작하니 하루가 참 길었다.

영호는 늘 재경이랑 단짝이었다. 항상 둘이 함께였다. 포상에 남자가 귀했다. 둘이 늘 다녔고 가끔은 재경이의 킹콩 쇼를 봐야 했다. 재경이는 늘 힘자랑했다. 길 한복판에서 킹콩 흉내를 내며 팔 근육을 자랑하곤 할 때는 좀 웃기면서도 약간은 겁이 났다.

# 육개장 사발면

중2 때, 중학교에서는 사발면이 선풍적인 인기를 끌었다. 선산남중, 남고에는 매점이 하나 있었다. 큰 길가에 있는 단계슈퍼와 그 옆의 슈퍼는 너무 멀었고 그 당시 하교 시간 이전에 학교 문을 나서는 건 금지됐을 것이다. 그래서 좋으나 싫으나 그 매점을 이용해야 했다.

그 매점은 화장실 옆으로 난 좁은 계단 길 아래에 있었다. 매점은 매우 좁았고. 물건도 별로 없었다. 새우깡, 맛동산, 짱구 등의 과자도 있었지만, 식빵, 도넛, 그리고 사발면이 인기 많았다.

한동안 친구들은 도시락 반찬은 안 싸 오고 밥만 달랑 갖고 왔다. 사발면 하나를 사 들고 단계천 여기저기 흩어져서 사발면과 밥을 맛있게 먹었다. 딱 300원으로 진수성찬 부럽지 않은 오찬을 즐길 수 있었다.

난 예나 지금이나 사발면은 '육개장 사발면'이 최고인 듯싶다. 신라면 등의 사발면보다는 약간 구수한 느낌의 육개장 사발면이 더 맛있었다. 국물도 국물이지만 면발도 더 내 입맛에 맞았다. 사발면에 뜨거운 물을 붓고 전자레인지에 30초 또는 1분 정도 돌리면 더 맛있다. 끓여 먹는 라면 못지않다.

## 고소한 도넛

중학교 1학년 때, 내 앞자리에 엄재일이 있었다. 재일은 이문동에 살았고 키는 좀 작았고 눈이 좀 튀어나왔다. 별명이 개구리였나 그랬다. 이름은 잘 기억나지 않았는데, 중학교 졸업앨범을 보니 재일이었다.

아무튼 어느 날 재일이 2~3교시 끝나고 쉬는 시간에 매점에 다녀왔다. 그리고 그의 오른손에 들려 있던 것은 찹쌀도넛이었다. 탁구공보다 조금 더 큰 진한 갈색의 도넛으로 표면에는 하얀 설탕이 토핑되어 있었다. 재일은 맛나게 먹었는데, 한 입 달라고 말하기도 그랬고 말할 용기도 없었다. 그렇다고 하나 사 먹을 형편은 아니었다. 2교시 또는 3교시 쉬는 시간에는 굉장히 출출했고 고소한 도넛의 냄새는 견디기 힘든 나의 시련 같았다.

아무튼 재일이를 엄청 부러워했는데, 더 부러운 놈은 이봉식이었다. 봉식이는 키가 아주 컸다. 60명 중 아마도 58~60번 정도 됐을 것이다. 키가 부러웠던 건 아니었다. 내가 알기로는 봉식이 집이 빵집을 한다고 들었다. 도넛 등을 만든다고 기억한다. 어쩌면 봉식이네 집에서 학교 매점에 납품했을지도 모르겠다.

하나씩 군것질하는 재일보다는 아예 빵 공장 아들인 봉식이가 멋있어 보였다. 그 빵들을 마음껏 먹을 테니까. 그땐 그런 것들이 굉장히 중요했고 부러움의 대상이었다.

## 오래된 의문

절친인 형찬이 대구로 전학 간 후 동네가 같은 경찬이와 금방 친해졌다. 경찬이와 절친이었던 정욱이도 옆 동네로 전학 갔기 때문이었다. 경찬이 집은 신작로에 붙어 있는 방앗간이었다. 방앗간 주인은 시골의 소문난 갑부집이었다. 상당히 넓은 면적이 필요했고, 높은 천장의 큰 창고 같은 방앗간 건물도 그러했으며, 무엇보다 거대한 기계들을 보유하려면 상당한 재력이 필요했다.

아무튼 경찬이 집에도 자주 놀러 갔다. 아침에는 아예 경찬이 집으로 가서 경찬이랑 같이 등교하기도 했다. 하교 때도 같이 갔고 경찬이 집에서 간식도 먹고 같이 숙제도 하곤 했다.

어느 날 갑자기 경찬이가 사라졌다. 대구로 전학을 가버린 것이다. 나는 도무지 영문을 알 길이 없었다.

몇 년 전 영숙이에게서 경찬이 폭행 이야기를 듣고선 깜짝 놀랐다. 그런 일이 있었다는 게 믿기질 않았다. 그런 대형 사건을 왜 나는 전혀 기억 못하고 있었을까? 하는 의문이 생겼다. 그게 너무 충격적이어서 그 기억을 아예 지워 버린 걸까? 하는 생각도 들었다.

얼마 전 선희에게서 그 폭행 사건의 전말을 생생히 전해 들었다. 선희는 2반이었고 나와 경찬이는 1반이었는데 그걸 알고 있었다는 건 의외였다. 쉬는 시간에 폭행이 일어났나 보다.

곰곰이 생각해 보니 내가 그날 학교에 없었던 듯싶다. 바로 구미 육상 체육장에서 했던 대회에 출전했던 일이다. 군 단위 또는 도 단위의 대회였는지는 분명하지 않지만 내게는 지워 버리고 싶은 흑역사의 하루였다.

아마도 그날이었던 거 같다. 이제야 오래된 의문이 풀렸다.

# 선착순 선발

덕촌국민학교는 전교생이 300명 수준이었다. 그래서 한 학년에 두 반이 있는 경우는 많지 않았다. 그건 우리 학년까지만 그랬다. 1년 선배도 두 개 반이었다. 1년 후배부터는 전부 한 반으로 다 채워졌다. 교장 선생님, 교감 선생님, 그리고 선생님 여덟 명 정도였다. 그런데 선생님의 자녀도 우리 학교 학생인 경우가 있었다.

덩치도 좋았고 우락부락하게 생겼던 선생님이 있었다. 체육 담당이었고 우리를 선발하고 훈련했던 육상 선생님이기도 했다. 그 선생님의 아들이 우리 학년이었고 키도 크고 공부도 잘했던 친구였다. 이름은 잘 기억나질 않는다.

그와 함께 운동선수로 뽑혔다. 우리 학년 전부를 화단 바로 앞에 한 줄로 길게 서게 하고 운동장 끝인 측백나무까지 뛰라고 했다. 선착순으로 몇 명을 육상선수로 뽑겠다는 심산이었다.

나는 이런 선착순에 좀 강했다. 마지막 지점까지는 나보다 앞선 애가 별로 없었다. 그런데 막판에 갑자기 한 녀석이 추월해서 쳐다봤더니 그 녀석이다.

  그 녀석에게는 신세 진 적이 있었다. 5학년 때 죽장사로 소풍을 갔다. 죽장사는 학교에서 꽤 먼 거리에 있었다. 최소 4~5킬로미터는 될 것이다. 죽장사에는 죽장리 오층석탑이란 국보가 있었다. 국보 제130호다. 거기 뒤편에는 크고 작은 돌들이 많이 흩어져 있었는데 나는 돌을 헛디뎌 발목을 삐었다. 그때 가까이 있던 그 녀석이 나를 업어 줘서 고마웠다.

# 수호의 발리킥

덕촌국민학교 시절부터 수호는 빼어난 구기 실력을 뽐냈다. 제일 기억에 생생한 건 뒤편 학교 건물의 시멘트 바닥에서 농구공 튕기기 장면이다. 그때가 2학년 때였을 것이다. 그날 나와 수호 그리고 한두 명의 친구가 함께 있었고 수호는 공을 끊임없이 튕겼다.

수호는 축구도 제법 했다. 국민학교 시절에는 눈에 띄는 활약을 본 적이 없었던 거 같다. 그런데 고등학교 때는 눈에 잘 띄었다. 중학교 때 다섯 개 반이 고교 두 개 반으로 확 줄어서 조금만 잘해도 눈에 띄기 쉬웠던 덕이다.

아마도 2학년 체육 시간이었다. 그날은 축구를 했다. 수호와는 같은 편이었던 거 같다. 상대 진영의 골대에서 그리 멀지 않은 부근이었다. 골대에서 대각선으로 15미터 떨어진 지점에서 공이 너무 빠르지 않게 붕 떠서 수호 오른편으로 날아왔다. 수호는 자세를 제대로 잡았고 가뜩이나 큰 눈을 더욱 부릅뜨면서 공에 집중했다. 그리고 오른 다리를 자로 잰 듯이 공을 오른쪽 발등에 제대로 실어서 골대를 향해서 쐈다. 아주 깨끗한 골이었다. 골대의 오른쪽 구석 윗부분에 꽂혔다.

  2018년 월드컵 최고의 골로 뽑힌 프랑스 파바르의 논스톱 발리킥과 느낌은 비슷하지만, 위치가 정반대였고 파바르는 깎아 찼지만 수호는 그냥 무회전 킥이었다.

수호는 원래 한 학년 위였다. 아마도 빠른 71년생이어서 70년생과 함께 공부했는데, 너무 어렸는지, 적응하기 힘들어했다. 그래서 1년을 쉬고 우리와 같은 학년이 된 후 생애 처음이자 마지막으로 부반장을 맡았다. 반장은 형찬이었다. 형찬이의 형인 형건이가 늘 반장을 맡았기에 선생님은 검증된 집안의 자식인 형찬이가 눈에 띄었고 실제로 형찬이는 좀 게으른 듯 보였으나 똘망똘망했다. 그 당시 비염을 앓았는지 그의 윗옷의 왼쪽 가슴팍의 주머니에는 손수건이 있었다. 수시로 코를 닦곤 했고 그 때문에 형찬이의 별명, 이건 선생님들이 지어 준 것인데, 코반장이었다. 형건이라는 형 찬스와 함께, 작은삼촌이 대구교대 졸업 후 인근 학교 선생님을 하고 있어서 삼촌 찬스까지 동시에 써먹었다.

## 모나리자 박미라

덕촌국민학교 졸업생 중 가장 말이 없었을 듯한 친구는 대원리의 박미라가 아니었을까? 5학년 때까지는 같은 반이 된 적이 여러 번이었을 텐데, 내 눈에 전혀 띄지 않았는지 기억에는 거의 없었다.

6학년 때 같은 반이었다. 항상 무표정에 가까운 얼굴이 인상적이었다. 활짝 웃는 모습을 본 적이 없었다. 물론 내가 안 볼 때 웃었을 수도 있다. 아무튼 엷은(?) 미소인지 무표정인지 좀 애매한 느낌이었다. 왠지 다빈치의 '모나리자' 같았다. 아주 주관적인 생각이었다.

미라의 이름이 이집트의 미라mirra와 같은 발음이라 놀림을 좀 당했던 것 같다. 미라는 늘 쉬는 시간에도 자리에 앉아서 예습인지 복습인지를 하는 듯싶었다. 공부를 열심히 했던 거 같은데 성적은 잘 기억나지 않는다. 희미한 기억으로는 90점을 넘는 우등생과는 거리가 멀었다. 학창 시절에 꼭 한 반에 한두 명은 그랬다. 공부를 열심히 하는데 그에 반해 성적이 잘 나오지 않는 친구들이 있었다.

선산남고의 김병수, 선산여고의 김세희가 정말 그랬다. 자리에 앉아서 공부를 꾸준히 했다. 그런데 성적은 전문대에도 가기 힘든 점수가 나왔다. 김세희와 얼마 전 연락이 닿아 따로 이야기할 기회가 있었다. 내 눈에는 분명히 열심히 공부하는 것으로 보였지만, 자기는 진짜 자리만 차지했을 뿐, 공부가 전혀 되지 않았다고 한다. 온갖 잡념, 걱정, 근심으로 가득했다고 했다. 그래서 종종 독서실 1층 약국의 윤종철 약사님에게 인생 상담을 받곤 했다는 얘기에 깜짝 놀랐다. 그 시절의 우리는 그냥 공부만 하면 되는 때 아니었나?

닭장의 닭이 족제비에 당하지 않았나? 너무 가물어서 논바닥이 거북이 등처럼 되지 않았나? 벼의 '암'이라고 불렸던 도열병이 우리 논에는 침범하지 않았나? 아니면, 아빠의 도박으로 집문서는 넘어가지 않았나? 이런 생각을 할 필요는 없었으니까.

그냥 닥치고 공부, '닥공' 모드였는데…. 33년 전 괴로워했던 친구의 고민에 가슴이 아프면서 이해가 됐다. 국민학교 내내 그녀는 공부를 꽤 했었기 때문이다. 머리는 나쁘지 않았다는 말이다. 지금은 두 자녀를 대학에 보내고 여유롭게 지내고 있는 모습이 보기 좋았다. 국민학교 이후 이렇게 밝은 모습을 처음 본 듯하다. 계속 그러하길….

## 착한 개구쟁이

규철이는 내 기억 속에 참 많이 남아 있다. 규철이는 1학년 때부터 골목대장처럼 보였다. 하지만 봉곡 애들에게 집단 괴롭힘을 당했다. 대여섯 명이 우르르 따라다니면서 괴롭혔다. 아주 안쓰러워 보였다. 그러다가 봉곡의 대장인 달수와 1 대 1로 한판 뜬 이후로 더는 괴롭힘이 없었다.

그 이후로 쭉 규철이 세상이 되었던 듯하다. 그렇다고 해서 군림하고 그런 건 아니었다. 규철이는 착한 개구쟁이여서 여자애들이 신나게 고무줄놀이를 하고 있을 때 종종 고무줄을 끊고 도망치는 정도의 장난만 했다. 여자애들이 '전우의 시체를 넘고 넘어…' 이런 노래를 부르면서 고무줄을 넘고 또 넘고 있는데, 고무줄을 끊어 버렸으니 얼마나 짜증이 났을까 싶긴 하다. 하지만 고무줄이 어디 하나뿐이었을까?

내가 5학년 때인가 덕촌국민학교 뒷산에 우리 반 아이들과 겨우내 난로에 집어넣을 땔감을 주우러 갔다. 톱질까지는 안

했고 여기저기 흩어져 있는 나무 조각들을 주웠다. 그때 난 좀 농땡이를 친다고 따로 빠져서 어떤 돌무더기 뒤에 숨어 쉬고 있었는데, 마침 규철이랑 나랑 눈이 마주쳤다. 규철이는 나를 토끼로 오인하고 돌멩이를 던졌다. "나야 나!" 하고 소리 지르자 손에 든 돌을 내려놓았다. 잘못하면 돌에 맞아 피투성이가 될 뻔했다.

규철이는 키가 큰 편이었는데 6학년 때는 훅 커 버렸다. 원래 규철이가 달리기를 좀 하긴 했는데 키까지 크니 굉장히 빨라졌다. 내 기억으로 늘 봉환이가 1등, 2등이 김명수였는데, 2학기인가 달리기했을 때 규철이가 명수를 가볍게 제쳤다. 아마 그때 제대로 시합했으면 1등 했을 거다.

## 처음 여자 손을 잡다

우리 앞 동네는 포상동이었다. 그 오른쪽 동네가 소재동이었다. 두 동네 모두 배산임수인 건 맞는데, 문제는 북향이라는 것이다. 동네는 대부분 남향인데, 왜 저 동네는 북향일까? 하는 의문이 있었다. 특히 소재동은 그 규모가 어마어마했다. 보통의 동네보다 서너 배는 컸으니까. 소재동에 대여섯 번 놀러 갔는데, 솔직히 이런 입지에 왜 이렇게 많이 모여 사는 건가 싶기는 했다.

우리 집안에서는 포상동의 입지에 대해 대놓고 말하고 다녔다. 우리 동네 제일 위쪽에 친척들 대여섯 가구가 모여 살았다. 5대, 6대 조상들이 청송에서 이주해 왔다고 들었다. 아무튼 안방에서도 포상동이 잘 보였다.

형찬이네 삼 남매는 포상동에 대한 이야기를 하곤 했다. 아마 부모님이 해 주신 이야기를 들려줬을 거다. 포상에는 산적들이 살았고, 그들이 종종 쳐들어왔다. 우리 쪽에서 그들의 움직임을 수시로 감시했고, 쳐들어오면 피하거나 방어해야 했다. 형찬이네 집을 지을 때 앞마당을 크게 만들고 마당 앞에는 사람 키 높이의 돌담을 쌓았다. 그래서 안방에서 포상을 볼 수는 있었지만, 반대로 포상에서는 자기 집이 보이지 않게끔 지었다고 했다. 그걸 아주 자랑스럽게 이야기하곤 했다.

포상과 소재 뒤편은 꽤 큰 산들이 이어져 있었고, 깊숙한 산속에 산적이 살았을지도 모르겠다. 아무튼 포상과 소재는 확실히 나중에 생긴 동네가 아니었을까 생각한다. 포상에는 공부 1등인 정기자와 달리기 1등인 유선이가 있었다.

유선이 하면 딱 떠오르는 건 달리기를 잘했다는 것과 얼굴의 점, 그리고 화통함이었다. 사실 국민학교 6년을 함께했어도 남자와 여자아이들은 따로 놀았고 별로 어울리지 않았다. 또 남자아이들은 숫기가 없기도 해서 포크댄스를 할 때면 여간 난처하지 않았다.

포크댄스는 기본적으로 손을 마주 잡거나 팔짱을 끼거나 하는 등의 상당한 신체접촉이 필요한데, 제대로 손을 잡는 경우는 드물었다. 그래서 작은 나뭇가지 둘을 서로 잡고, 손을 잡는 시늉을 했다. 선생님들이 손잡으라고 난리라서 과감하게 손 내밀고 잡은 친구가 딱 둘 기억난다. 바로 유선이와 원희였다. 내가 여자 손을 처음 잡은 것도 어쩌면 유선이가 처음이었을지도 모르겠다.

유선이는 제법 노래를 잘했는데, 특히 '오 수재너'를 잘 불렀던 게 기억에 남아 있다. 유선이는 평범한 외모였는데, 여동생은 보기 드물게 예뻐서 의아해하기도 했다. 성인이 된 이후에는 거의 비슷한 외모를 가지지 않았을까 싶다.

# 국가대표급 골키퍼

봉환이 하면 생각나는 게 몇 가지가 있다. 일단 달리기다. 6년 내내 달리기는 봉환이가 꽉 잡았다. 운동회나 어린이날 등 달리기 시합에서는 봉환이가 늘 1등을 도맡아서 같은 조에 끼면 늘 2등이 목표가 됐다. 그리고 운동회에서 하이라이트는 1~6학년 이어달리기였는데 여기서도 봉환이가 워낙 잘 달려서 대원동이 늘 1등을 하곤 했다.

3학년 때 좀 연세가 많으신 선생님 반이었는데 대원 저수지 동산으로 소풍을 갔다. 그날 닭싸움을 했다. 나는 힘과 순발력이 좋아서 닭싸움을 꽤 잘했다. 닭싸움을 두 편으로 나눠서 1 대 1로 붙는 방식이었고 이기면 계속 상대편과 싸우는 거였다. 내가 거의 10명 가까이 이겼다. 상대편에 봉환이가 나섰고, 난 봉환이를 공격하다가 나무뿌리에 걸려 넘어져서 지고 말았다. 그 이후로 한동안 그 선생님은 '닭싸움 왕'이라고 불렀던 게 기억난다.

5학년 때는 정기범 선생님 반이었는데 체육 시간에 두 편 나눠서 축구 경기를 하고 있었다. 난 뛰기 싫어서 골키퍼를 하고 있었는데 우리 팀이 반칙을 해서인지 페널티 킥을 허용하게 됐다. 그때 키커로 봉환이가 나섰고, 난 설렁설렁하다가 이번에는 열심히 하는 척하고 싶었다. 봉환이가 골포스트 끝으로 뻥 찼다. 그때 나도 모르게 국가대표 골키퍼처럼 다이빙해서 완벽한 골을 막아 냈다.

그날 이후로 난 2년간 골키퍼만 하게 됐다. 그 당시 학교에서는 여자 핸드볼을 밀고 있었고, 정다영이 골키퍼였는데 진짜 잘 막았다. 정기범 선생님은 우리 둘을 국가대표급 골키퍼라고 부르곤 했다.

봉환이는 성이 지 씨여서, 이름을 거꾸로 하면 '환봉지'가 되어서, 나는 '한봉지'라고 부르곤 했다. 두 눈 사이 미간에 희한하게도 큰 사마귀 하나가 있었다. 그게 참 눈에 잘 띄었는데, 그걸 아마 고등학교 졸업할 때까지도 달고 있었던 듯하다. 구미 시내에 가서 치료받으면 금방 없앨 수 있었을 텐데, 그걸 할 엄두를 못 낸 듯하다.

지금은 고향에 내려가서 조용히 살고 있는데 가끔 내려가면 담소를 나눌 수 있는 좋은 친구다.

# 창세의 자전거 타는 법

정기범 선생님이 창세라는 이름이 참 좋다고 말하곤 했는데, '창세기'의 그 창세(세상을 만들다)였던 걸로 기억한다. 6학년 내내 착하고 순둥이 같은 모습이었다.

창세하면 떠오르는 장면들이 몇 가지 있는데, 어릴 때 〈어깨동무〉, 〈보물섬〉 등에 나오는 백두산 천지 괴물, 버뮤다 삼각지 같은 것들을 잘 알았다. 특히 북한의 군사력에 대한 해박한 지식이 있었다. 아마도 1981년~1982년(5학년) 무렵이었던 것 같은데, 남한과 북한이 싸우면 무조건 북한이 이긴다고 주장했다. 비행기, 탱크, 대포, 전투함 등 군사력에서 남한이 게임이 안 된다고 열변을 토했다.

우리 키에 맞는 자전거를 타는 애들도 많았지만, 창세는 엄마가 타는 자전거를 물려받았던 거 같다. 그 당시 자전거 색깔이 분홍빛이었던 듯싶다. 문제는 안장에 올라타면 발끝이 페달에 닿지 않는다는 거다. 그렇게 큰 자전거는 요령이 있어서 겨우 올라탄 다음, 페달을 힘껏 아래로 차듯이 누른다. 그러면 한 바퀴 돈 페달이 반대편 발에 닿고 그 발을 힘껏 찍어 누르는 식이다. 이렇게 타면 웬만한 평지는 별문제 없이 달릴 수 있는데 경사진 비탈길은 힘들었다.

창세는 아예 안장에 앉지 않고 두 페달에 발을 올려놓고 두 손으로 핸들을 잡은 다음 몸은 자전거의 왼편으로 매달리다시피 해서 탔다. 옆에서 보면 무슨 서커스 하는 것 같기도 하고. 상당히 웃기는 모습이기도 했다.

창세는 성인이 된 이후에도 여러 번 봤다. 그는 참 장난스러웠고, 또 갑자기 정색했다가 진지해지는 놀라운 능력을 갖추고 있었다. 또 특유의 과장법도 인상적이었다.

1993년 무렵으로 기억한다. 내가 백령도에서 군 복무할 당시, 창세로부터 전화가 걸려 왔다. 그 당시 핸드폰은커녕, 삐삐조차 없던 시절이었다. 어떻게 내가 그곳에 있는지 알았을까? 그리고 전화번호는 또 어떻게 알았을까? 궁금하긴 하다. 어쨌건 자기는 해군 하사로 근무 중이고 이번 작전 때 백령도에 온다는 것이었다. 짬을 내서 한번 보자고 했다. 나도 일병 고참이었을 때라 외출할 수 있을 듯했다. 그런데 아쉽게도 창세는 짬이 나지 않아 그냥 돌아갔다.

제대 후, LG증권에 다닐 무렵이었다. 동네 친구들이 한데 모여서 수다를 떨고 있었다. 창세는 당시 고아읍에서 슈퍼를 한다 했다. 정확히 기억은 안 나지만, 새우깡을 팔면 얼마나 남고, 사이다를 팔면 몇 퍼센트의 이윤이 남는다고 했다. 창세의 계산법에 따르면, 창세가 떼부자가 되는 것은 시간문제였다. 속으로 그렇게나 많이 남을까 싶었다. 나중에 보니 창세는 슈퍼를 접고 구미 시내에서 노래방을 하고 있었다.

벌써 5~6년 전의 일이 됐다. 이혜경 선생님의 첫째 아들의 결혼 소식이 들려왔다. 같이 가자고 친구들에게 연락했는데, 유일하게 창세가 호응했다. 대구 동구 신천동의 모 예식장이었다. 창세는 약속대로 아내와 함께 왔다. 식후에 식당에서 밥을 함께 먹으며 근황을 나눴다. 창세는 결혼식 참석도 중요했지만, 나를 보고 싶어서 왔다고 했다. 참, 고마운 녀석이다.

# 일곱 개 나무로 이뤄진 이름

우리 3년 후배 중에 이름이 특이한 녀석이 있었다. 봉곡에 사는 임임삼. 한자로 임林은 나무 목木이 두 개로 이뤄졌고 삼森은 나무 목 세 개로 이뤄져 있다. 그러므로 임임삼은 나무 일곱 개로만 이뤄진 대단히 특이하면서 멋진 이름이라고 정기범 선생님이 말씀하신 거 같다.

임삼이에게는 누나가 있었는데 우리 1년 후배였다. 이름은 기억나지 않지만, 꽤 똑똑하고 아마도 반에서 1등을 도맡아 하지 않았나 싶다. 우리가 5학년 때였을 때, 임삼이의 누나는 4학년이었다. 추운 겨울방학 때, 단 하루도 빼먹지 않고 자전거를 타고 선산 읍내의 주산 학원에 다녔다고 선생님이 두고두고 칭찬하면서 우리에게 분발하라고 하셨다.

사실 지금 생각해 봐도 대단한 열심과 성실이었던 거 같다. 대충 4킬로미터로 떨어져 있는 읍내까지 자전거로 그것도 추운 겨울방학에 다녔다는 건 보통 일이 아니다. 겨울에는 마스

크를 써야 확실히 덜 추웠다. 귀마개도 하고 장갑도 끼고 목도리까지 하고 다녔다. 완전 무장을 한 셈이다. 그래도 추운 건 어쩔 수 없었다.

내가 소식 듣기로는 임삼이의 누나는 영남대 임학과에 진학했다고 한다. 영남대는 경북대와 쌍벽을 이루는 대구 경북의 명문대학교다. 경주 최부자 후손들이 세운 학교였고, 의대와 약대도 있으며, 또 각종 고시에 경북대보다도 더 많은 합격생을 배출하곤 했다. 졸업 후에는 농협 또는 축협 같은 곳에 취직했다고 들은 거 같다. 아무튼 임삼이 가족은 나무와 깊은 인연이 있다는 생각이 든다.

나무하면 소나무. 소나무 하면 떠오르는 노래는 가수 이규석의 '기차와 소나무'라는 노래다. 1988년에 나온 곡인데, 기차역과 소나무 하면 연상되는 게 정동진역의 고현정 소나무이긴 한데 이 노래가 먼저였다.

아무튼 이규석은 순간 떠오른 악상에 사로잡혀 단 5분 만에 이 노래를 완성했다고 한다. 5분 동안의 작업으로 그의 노래는 30년 가까이 사랑받고 있다. 단 하나의 히트곡으로 그는 밤무대와 미사리 카페 등에서 돈을 벌었다. 물론 〈젊음의 행진〉 등을 진행하기도 했다. 〈불타는 청춘〉이란 프로그램에 나왔는데 여전히 동안이며, 팔굽혀펴기를 100번이나 가뿐히 할 정도였다.

## 공중에 뜬 자전거

덕촌국민학교에서 봉곡 쪽으로 500미터쯤 내려오면 덕촌1리로 빠지는 삼거리가 나온다. 그 삼거리에서 조금만 내려오면 작은 다리가 나오는데, 그 다리가 작고 낮았다. 그곳에서 두 번의 사건 사고가 있었다.

4학년 어느 날 재석이와 같이 하교했다. 그때 재석이는 엎어지면 코 닿을 거리였는데 자전거를 타고 왔다.

운동신경이 뛰어난 재석이었기에 자전거를 제법 잘 탈 거 같았다. 재석이 하면 늘 떠오르는 장면은 철봉에 매달려 있던 것이다. 박쥐 마냥 두 다리를 철봉에 걸치고 무릎을 구부려 버티는 자세였다. 손이나 팔은 아래로 늘어뜨린 그 자세가 참 신기했다. 저러다 다리가 풀리면 그대로 땅에 떨어질 수 있었다. 철봉 아래에는 모래가 깔려 있기는 했으나 실수든 힘이 빠져 떨어지면 다칠 우려가 컸다.

그렇게 매달려 있다가 자연스럽게 윗몸을 일으켜서 손으로 철봉을 잡고 내려오는 게 최선이었는데 그게 쉽지 않아 보였다. 그게 안 되면 낙법을 써서 떨어지거나 옆의 누군가가 도와줘야 했다. 그런 어렵고 위험한 자세로 재석이는 철봉에 대롱대롱 달려 있었다. 나도 재석이처럼 흉내 내다 바닥에 철퍼덕 쓰러진 적이 있었는데, 그 이후 다시는 그런 위험한 짓을 하지 않게 됐다.

아무튼 그날 재석이의 자전거 뒷자리에 앉았다. 그 삼거리에서 다리 쪽으로 빠르게 달렸는데, 바닥에 작은 돌들이 있어서 자전거는 비틀비틀했다. 느낌이 아주 안 좋았지만 난 재석이를 꽉 잡는 수밖에 없었다. 재석이는 그 속도를 즐기고 있었을 거다. 하지만 재석이도 나와 자전거, 둘의 무게와 그 속도를 이기질 못했던 거 같다.

그 다리를 빠르게 지나치자 곧바로 자전거는 쓰러졌고 나와 재석이는 아주 잠깐 공중에 떠 있다가 길바닥에 내동댕이쳐졌다. 너무 순식간에 생긴 사고였다. 손바닥과 팔이 까져 피가 났다. 쓰라림을 참아가며 땅바닥에 처박고 누워 있던 그 짧은 순간, 이게 꿈이었으면 했다. 그리고 얼굴도 좀 까졌기에 참 난감했다.

그걸로 끝이었다. 폭주족에 몸을 맡기면 안 된다는 따끔한 교훈을 얻고 둘은 헤어져서 각자 집으로 향했다.

# 그 악당이 너였어?

내 고향 동네는 가구 수가 50여 가구에 불과했지만, 윗동네와 아랫동네는 확실히 구분됐다. 마치 눈사람 모양 같았다. 아랫동네는 크고, 윗동네는 작았다. 윗동네 가구 수는 정확히 11가구였다. 대략 5분의 1이 윗동네, 5분의 4가 아랫동네였던 셈이다.

윗동네와 아랫동네의 경계는 도랑이었다. 비가 많이 올 때는 개천이라 할 만큼 많은 물이 흘렀고, 1년의 대부분은 약간의 물이 졸졸 흐르는 정도였다. 그 도랑을 경계로 해서 확실히 구분되는 느낌이 있었다.

나와 형찬이는 아랫동네로 내려갈 용기가 없었다. 그냥 윗동네에서 몇 명이 놀곤 했다. 그러던 어느 날, 정확하게는 일곱 살 때였다. 우리도 제법 컸다고 생각했고, 윗동네에서 노는 게 좀 심심해졌다. 그래서 둘이 아랫동네에 염탐(?)하러 내려가기로 했다.

동사무소가 있는 공터까지 조심조심 내려갔다. 그때 웬 덩치 큰 악당처럼 보이는 형들이 '너희들 뭐야? 감히 내려와' 이런 느낌으로 말을 걸며 무섭게 굴었다. 우리보다 머리 하나는 더 있었고, 꽤 세게 보이는 형처럼 보여서 우리는 재빨리 도망쳤다. 그리고 다시는 아랫동네로 내려갈 엄두를 내지 못했다.

1년이 흐른 뒤, 덕촌국민학교에 입학했다. 우리 동네에서 동갑내기가 남자 여섯 명, 여자 한 명으로 모두 친구였다. 고작 50가구에서 일곱 명이 같은 해에 태어난 건 지금 생각해 봐도 신기하다.

아랫동네의 그 악당이 누군지 알겠는가. 바로 병현이었다. 이 이야기를 그는 오랫동안 써먹었다. 나를 놀려 먹으면서. 두고두고 짜증 나고, 부끄러운 흑역사 중 하나로 남았다.

## 신박한 물건

가끔 지호가 자랑 아닌 자랑을 하곤 했다. 주말에 또는 방학 때 선산의 친척 집에 다녀오곤 했나 보다. 마치 시골 촌놈이 서울 방문기를 이야기하듯, 또는 미국이나 유럽에 다녀온 경험담을 늘어놓는 것 같았다.

선산의 친척 집에는 비슷한 또래의 누군가가 있고 그 집에는 각종 신기하고도 진기한 물건들이 많더라는 것이다. 특히 장난감이 그랬다고 했다. 기억이 가물가물하지만, 자동차 등의 움직이는 것들에 관한 것이 있었다.

지호가 워낙 달변이라 이야기에 굉장히 끌렸다. 나도 지호가 봤던, 경험했던 그 신문물을 접해 보고 싶었다. 내게는 선산에 잘사는 친척이 없었거니와 선산에 갈 차비도 없었다. 그렇다고 걸어가기는 싫었다.

나중에 알고 보니 지호의 선산 친척 집은 임혜정의 집이었다. 달수, 지호, 혜정은 모두 사촌 사이였다. 혜정의 오빠와 남동생이 지호의 이야기 속 인물들이었다. 덕촌국민학교 앞의 점빵과 선산국민학교 앞의 으리으리한 문방구와의 간극은 엄청났기 때문이다.

# 한판 승부

지호는 왠지 만만해 보였다. 키도 크고 덩치도 좋은 달수나 키만 큰 형배는 까불다가 한 대 맞을 거 같았지만, 지호는 한번 겨뤄 볼 만하다고 생각했다.

물론 저학년 때는 그럴 용기가 생기진 않았다. 4학년이 되면서 짝이었던 한재경을 구박하면서부터 내가 기가 살아났다. 재경이도 힘쓰는 걸로 유명했다. 그런데 짝이 되면서 (당시까지) 순진한 재경이를 좀 구박했다. 2학기 시험에선 재경이가 나는 물론이고 정기자보다 점수가 높게 나왔다. 얘가 뭘 잘못 먹었나 싶었다.

아무튼 부동의 1등인 경찬이 다음으로 재경이가 2등을 한 것이다. 이때부터 재경이가 날 놀리기 시작했다. 점수가 올라가니 기세가 장난 아니었다. 나더러 두 눈이 짝짝이라고 엄청나게 놀렸다. 내 눈은 작기로 유명했지만, 그 작은 두 눈도 상당한 차이가 났다. 대충 오른쪽 눈이 왼쪽 눈보다 1.3~1.4배쯤 컸다.

아무튼 5학년 때였을 것이다. 방과 후였다. 그날은 나와 지호, 그리고 양성남 셋이 남아서 놀았다. 쓰레기 소각장 바로 옆의 플라타너스 그늘 밑에서 아마 구슬치기를 했던 거 같다. 그날 내가 좀 심하게 억지를 부린 거 같기도 하고 그랬다. 쭈그리고 앉았다가 땅을 박차고선 오른발로 지호의 다리를 찼다. 상당한 고난도의 발차기 동작이었다. 그 장면을 본 성남이는 깔깔 웃었다. 하지만 나와 지호는 먹살을 잡고 싸우기 시작했다. 지호는 생각 외로 강했고 방어적이었다. 선공격하지 않았다. 주로 내가 먼저 주먹을 날리면 지호는 피했다. 공격이 읽힌 듯했다. 제대로 된 주먹을 얼굴에 한 방도 못 맞히고 그렇게 지루한 형세가 됐다. 말리다 지친 성남이는 혼자 집에 가 버렸다. 나도 지호도 이걸 끝내야 하는데 30여 분 실랑이하다가, 씩씩거리며 싸움을 멈추고 집에 가기로 했다. 아마 둘이서 약간의 거리를 둔 채 가지 않았나 싶다.

## 미궁에 빠진 분필 사건

정석이는 국민학교 친구다. 그는 중간 정도의 키였고 몸은 다부졌다. 약간 살도 있었고 근육도 적당해 보였다. 내가 놀란 건 생각보다 몸이 아주 유연했기 때문이다. 특별히 기억에 남는 장면은 야구를 할 때였다.

포상천변에서 야구를 했다. 그의 수비 포지션은 1루수였다. 천변은 모래였다. 그래서 땅볼은 거의 구르지 못했다. 아무튼 공을 잡아서 1루로 던졌는데 공이 좀 짧았다. 그때 그가 다리를 죽 찢으면서 공을 여유 있게 잡는 게 아닌가?

1982년 OB베어스의 1루수는 신경식이었다. 신경식은 꽤 큰 키였다. 그런 그가 다리를 180도로 쫙 찢으면서 공을 잡는 장면은 굉장히 특이했다. 아마 1루수로는 유일했을 것이다. 꽤 오랫동안 1루를 지켰고 명수비수로 이름을 날렸다. 아무튼 그는 그 신경식이 연상될 만큼 부드럽게 다리를 찢으면서 수비했다.

동네에 있는 큰 저수지 말고 포상천변에는 작은 저수지가 있었다. 그 저수지에는 많은 수생식물이 있었다. 그런 식물들이 수영하는 데는 치명적일 수 있었다. 수생식물이 다리가 감겨 당황하면 그냥 죽는 걸로 들었다. 그런데 그는 혼자서 거기에 들어가서 여유 있게 개헤엄을 쳤다.

아마도 가을 무렵이었다. 그때 포상천변에서 야구를 하다 깨진 콜라병에 발을 베였다. 당분간 걷기가 불편했고 그 핑계로 가을 운동회의 예행연습을 피했다. 교문 옆 느티나무 그늘에 앉아서 땡볕에 열심히 연습하는 친구들을 즐겁게 구경하고 있었다. 그때 그도 함께였다. 그가 나더러 "너 엄살이지?" 하고 놀리듯 물어서 내 발바닥을 보여 줬더니 뜨악하면서 믿게 됐다.

정석이와는 중3 때 같은 반이 됐다. 그때 굉장히 특이한 일이 생겼다. 난 그날 주번이었다. 주번이 해야 할 일은 물 주전자에 물을 채우고 칠판을 닦는 것이었다. 그가 목이 말랐는데 주전자에 물이 없자 나에게 얼른 물 받아오라 했다. 귀찮기도 했고 공부하는 데 방해되어 짜증을 내면서 주전자가 있는 칠판 앞을 지나고 있었다.

그때 그가 악 하고 소리를 질렀다. 어딘 가에서 날아온 분필 조각이 눈과 코 사이에 정통으로 맞았다. 누가 그랬는지 아무도 몰랐다. 본 사람도 없었던 거 같다. 그때 분위기로는 범인이 잡히면 엄청나게 맞았을 거 같았기 때문에 봐도 못 본 척하지 않았을까 싶다.

# '오백룡' 선생님

성엽이와 나는 중학교 1학년 때 같은 2반이었다. 규철이도 같은 반이었다. 덕촌국민학교 출신이 30여 명이었고 다섯 개 반으로 나뉘다 보니 한 반에 대여섯 명씩 배치되게 마련인데 우리 반에는 세 명밖에 없었던 듯싶다. 성엽이와 난 짝이었다. 내가 4번 성엽이가 3번(키 순서로 정해진 번호)이었을 것이다. 성엽이는 참 착하고 순했다.

학기 초에 숙제가 제법 많았다. 특히 국어 숙제는 참고서가 있으면 쉽게 할 수 있는데, 없으면 정말 갑갑했다. 난 국어 참고서가 없었다. 내 기억으로 〈동아 완전정복 국어〉 참고서 가격이 2,500원쯤 했던 거 같다. 국어는 좀 두꺼워서 다른 과목에 비해 200~300원 더 비쌌다. 난 그 참고서를 사기 힘들었다. 그래서 수시로 성엽이에게 빌렸다. 지금도 그렇지만 난 남에게 아쉬운 소리를 못 하고 지금도 안 한다. 정말 용기 내서 빌려 달라고 하면 성엽이는 흔쾌히 빌려줬다. 정말 고마웠다. 결국 나중에 그 참고서를 샀는데, 정말 빌리지 않아도 되는 그 상황이 너무 좋았다.

1학년 때 소시오패스 같은 미술 선생님이 있었다. 이름은 기억나지 않지만, 별명이 '오백룡'이었다. 그 당시 북한 수뇌부를 다룬 드라마에서 못된 역할로 나온 오백룡을 본떴다. 5반 담임이었는데 반 성적이 1등 못하면 반 전체 학생들을 매질했고, 운동장에서 기합을 줬다. 반장인 박영진이 엄청 힘들었을 것이다.

오백룡이 의외로 친하게 지낸 선생님은 4반 담임이었던 음악 선생님이었다. 음악 교실이 미술 교실 바로 옆이어서인지 친하게 지냈고 가끔은 둘이 나란히 앉아서 피아노를 치기도 했다. 음악 선생님은 유부녀였고 임신 중이었다.

오백룡이 우리 반 미술 시간에 열 받은 일이 있었다. 워낙 4차원이어서 수시로 화를 냈다. 아마도 준비물이 없는 애들이 몇 명 있어서 화가 난 것 같았다. 그래서 단체 체벌을 가했다. 체벌 도구로 사기그릇을 사용하여 제일 뒷자리인 60번부터 머리를 꽝꽝 두 대씩 때리기 시작했다. 거의 다 때렸을 무렵, 내 차례가 됐다. 예외가 없다. 두 대 맞았는데 상상을 초월하는 고통을 느꼈다. 옆의 성엽이 머리를 때릴 때 그 그릇이 깨졌다.

아! 성엽이 머리의 견고함을 알게 된 것이다.

  오백룡은 군대를 안 갔다 왔다는 게 천만다행이었다. 학기 중 군대에 가게 되어 우리는 해방됐다. 그런데 그만두기 직전 작별 행사를 한답시고 벌인 짓은 상상을 초월했다. 학생 몇 명에게 빈 가방을 뒤집어씌운 후 지나갈 때 패는 것이다. 뒤집어쓴 친구 중 하나가 규철이었다. 규철이가 재수 없게 많이 맞았다.

  규철이 짝꿍은 임경규였다. 예산국민학교(10여 년 전 폐교) 출신인데 아버지가 사과 농사를 지었고 아주 반듯하고 잘생겼으며 키도 크고 공부도 잘했다. 그런데 둘이 한판 붙은 것이다. 솔직히 규철이가 힘으로나 뭐로나 상대가 안 됐다. 규철이 입에서 피가 흘러나왔다. 정말 안쓰러웠다. 상대를 봐 가면서 싸워야 하는데….

  성엽이가 상주공고를 간 거 같다. 선산에서 김천을 가는 것도 흔치 않았지만, 상주를 가는 건 더더욱 이상했다. 그런데 세상이 참 좁다. 내가 광화문 있을 때 단골인 블루클럽 헤어디자이너가 성엽이 고등학교 친구란 거다.

  몇 년 전 성엽이 어머니가 고구마 수확을 끝내고 경운기로 귀가하고 있을 때, 교통사고가 났다. 상대방 차는 일반 승용차였는데 운전 미숙으로 경운기를 세게 들이받았고, 결국 어머니는 돌아가셨다. 그때 성엽이가 귀국했다고 들었다. 성엽이는 십수 년 전 미국 남부에 정착해서 제법 큰 회사를 운영하고 있었다. 조의금을 보내고 간단한 통화를 했다. 너무 오랜만이기도 했고, 너무 다른 삶을 살아오다 보니 대화는 금세 끊겼다.

# 봉곡의 칼 루이스

지호는 봉곡 대표 달리기 선수였다. 봉곡에는 애들은 많았으나 선수가 없었다. 어린이날이나 운동회에서 아쉬웠던 것은 대원의 봉환이가 늘 1등을 했고, 2등은 태봉의 명수, 3등은 덕촌의 재석이, 4등, 5등을 규철이와 지호가 다퉜던 것이었다. 6학년 때는 소재의 용석이가 가세했는데, 용석이가 봉환이보다 빠를 것인지가 나의 큰 관심사였다.

용석이 키는 나보다 작았지만, 굉장히 날쌨다. 하루는 용석이를 잡으러 다니다 날밤 새운 적도 있었다. 아마도 내가 반장, 용석이가 부반장이었던 거 같다. 둘이서 교실 뒤편의 환경미화 작업을 해야 하는데 용석이가 농땡이를 친 것이다. 빨리 힘을 합쳐 끝내도 될동말동인데, 용석이가 자꾸 미꾸라지처럼 도망쳐서 제대로 작업을 못 했다.

아무튼 용석이와 봉환이는 내 기억으로 1승 1패였다. 어린이날인가 그날에는 용석이가 열심히 뛰지 않았다. 그날은 아마도 봉환이가 빨랐다. 가을 운동회 때는 어쩐 일인지 용석이가 열심히 달렸다. 반면 봉환이는 설렁설렁 뛴 거 같았다. 봉환이가 1등으로 달리고 있었는데 10여 미터 뒤에 뛰던 용석이가 '칼 루이스'처럼 빠르게 따라잡고 결국 1등으로 들어왔다. 난 그 날 달리기의 묘한 매력과 6년 내내 1등 했던 봉환이의 아성이 무너졌다는 아쉬움을 동시에 느꼈다. 지금 생각해 보면 둘 다 한 번씩 최선을 다하지 않은 거 같았다.

봉곡의 수적인 우세에도 불구하고 학년 이어달리기에서 1등 해 본 적이 거의 없었다. 여자팀의 임성남도 그때는 키가 아주 컸다. 영숙이보다는 작았지만 아마 두 번째로 꺽다리였는데 달리기가 3~4위권이어서 남녀 통틀어 우승한 적은 거의 없었다. 1년 선배인 임상현 형이 북 치고 장구 친 덕분에 한 번인가 우승한 적이 있었다. 학년 이어달리기가 운동회 등의 제일 마지막 순서였고, 점수도 가장 높아서 여기서 우승 동네가 결정되곤 했다. 거의 대원이 우승을 도맡아 했다.

지호의 별명은 '곰배(이)'였다. 얼굴이 작았고 약간 짱구 느낌이었는데, 지금 생각해 보면 잘생긴 얼굴이었고 요즘 인기 있는 머리 모양이었다. 실제로 서양 애들의 두상이 딱 이렇다.

아래위로 길고 폭은 좁으면서 앞뒤로 납작한 형태. 나중에 고등학교 때 지호가 여고에서 상당히 인기남으로 등극했었다고 들었다.

지호는 우리 동네에서는 확실히 운동 신경이 뛰어나서 구슬치기 등을 참 잘했다. 물수제비 뜨는 것도 제일 잘했고 단거리, 장거리 달리기 능력도 탁월했다.

4학년 때, 종우 아빠(?)가 체육 담당 선생님이었던 거 같다. 그때 4학년을 한 줄로 길게 교문에서 화장실까지 세운 뒤 저 앞의 측백나무 담장까지 뛰라고 했다. 난 뭣도 모르고 뛰었다. 내가 2~3등 했다. 종우와 달수가 나랑 비슷하게 들어왔다. 결국 우리는 모두 학교 대표 육상선수가 됐다. 봉환, 재석 등은 다 빠져나갔다. 애매하게 빠른 우리만 열심히 연습하고 실제로 구미 경기장까지 갔다.

나와 명수는 200미터 선수였는데, 같은 학년 다른 학교 애들은 키가 거의 170이라 완전 어른 키였다. 그리고 걔들은 25초 내외로 들어갔고 나랑 명수는 한참 뒤에 들어왔다. 내가 꼴찌였고, 명수는 내 덕분에 꼴찌를 면했다. 그때 식사 담당은 김선희 어머니였다. 김밥을 싸 왔는데 김밥의 크기에 또 한 번 놀랐다. 우리 집 김밥의 지름보다 딱 두 배 길었다. 한입에 넣기 힘들 정도였다.

아무튼 지호는 선생님의 표적이 됐다. 육상부에 들어오라고 집까지 쳐들어갔는데 지호는 눈치 빠르게 선생님이 집에 오기 직전에 뒷마당의 돌담을 가볍게 뛰어넘어 도망을 갔다.

지금 생각해 보면 지호가 가장 지혜로웠다. 지호는 자기가 잘할 수 있는 것과 그렇지 못한 것을 잘 알았던 거 같다. 졸업 후 학원 다니면서 보일러 기사(?) 자격증을 땄고 그걸로 수자원공사(?) 울진 공무원이 됐다. 지금 합격률 1.8퍼센트라는 그 공무원 시험을 지혜롭게 통과한 것이다.

지호 할머니는 접골에 능했다. 3학년 때인가 내가 그네 타다가 떨어져서 왼팔이 탈골됐을 때 지호 할머니가 끼워서 맞춰줬다.

6학년 때 지호 집에서 친구들과 파티를 열었다. 우리는 싸고 독한 가성비가 좋은 캡틴큐를 나눠 마셨다. 가끔 착한 일도 했다. 크리스마스 전날에는 다 함께 모여서 불우한 동네 후배에게 과자 한 꾸러미를 갖다주기도 했다.

아무튼 지호는 참 자기 삶을 잘 개척했던 거 같다. 그리고 나름 행복하게 울진에서 오순도순 잘살고 있다.

인생의 모든 순간, 꽃이 되는 때가 또 한 번의 봄이다. 학창 시절의 기억을 따라 떠오르는 친구들의 얼굴, 그들과 함께 수학여행을 가고 석류 알도 나눠 먹었던 일이 떠올라 정겹다. 철없던 어린 시절 그때는 몰랐지만, 친구들과 함께한 그 순간이 가장 찬란하게 빛났다.

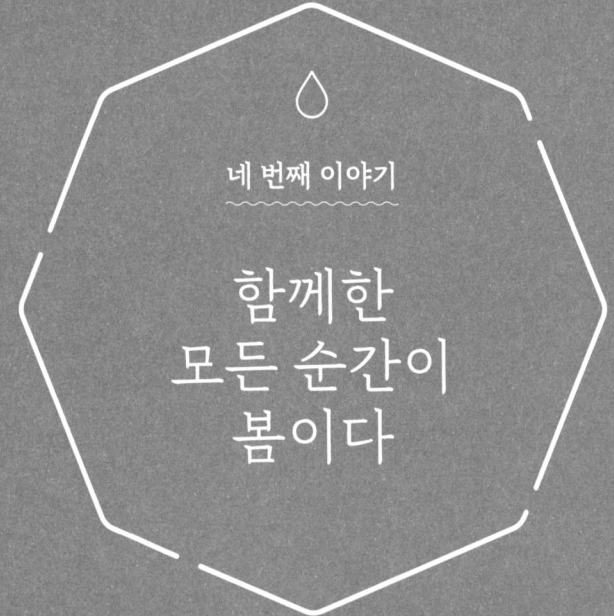

네 번째 이야기

함께한
모든 순간이
봄이다

# 각양각색 주법

사람은 굉장히 입체적이어서 한 면만 봐서는 안 된다. 인상도 중요하고 목소리도 그렇다. 또 걸음걸이도 보게 된다. 빨리 걷는 사람, 늦게 걷는 사람. 성격이 나온다. 그리고 터덜터덜 팔자로 걷는 사람도 있고, 뒤꿈치를 거의 닿지 않게 사뿐사뿐 걷는 사람도 있다. 걸음걸이만 봐도 저 사람이 누군지 알게 된다. 사무실에서 눈 감고 있어도 발걸음 소리만으로도 누군지 알 때도 있다. 허리를 꼿꼿이 세우고 가볍게 턱을 당기며 정면을 바라보면서 걷는 것이 좋다. 무엇보다 무릎과 무릎이 살짝 스치며 걸으면 아주 멋있다. 이건 전혀 다른 이야기지만 뛰는 자세도 정말 개성이 있다. 뛰는 자세에서도 사람의 성격이 나타난다고 하지만 그건 분석하기 쉽지 않다.

내가 인상적으로 봤던 친구들이 몇 명 있다. 달수는 뛰는 폼이 진짜 웃겼다. 왠지 흐느적거리는 느낌이었다. 희한하게 윗몸과 아래의 다리가 리듬을 타고 곡선을 그렸다. 달구지 굴러가는 느낌이랄까?

봉환이의 주법도 인상적이었다. 상체는 굉장히 견고했다. 팔을 힘차게 흔들지 않는 듯했다. 하지만 다리는 굉장히 빠르게, 낮은 자세(?)에서 움직였다. 6학년 때 용석이가 나타나기 전까지는 6년 내내 봉환이를 앞선 친구는 없었다. 용석이는 용수철 같은 느낌이 있었다. 통통 튀는 듯했고, 굉장히 사뿐사뿐 뛰었다. 상대적으로 긴 다리를 쭉쭉 뻗으며 아주 빨랐다. 상체의 움직임이 굉장히 역동적이었던 거 같다.

늘 2등을 했던 김명수의 폼도 기억에 남는다. 명수는 상체를 좀 앞으로 기운 듯하면서도 고개를 약간 들곤 했다. 명수는 내 기억으로는 압도적인 2등이었다. 1등인 봉환이보다는 느렸지만 3등 그룹과는 좀 차이가 있었다. 재석이의 폼도 재밌었다. 재석이는 가장 작은 주자였지만 특유의 주법으로 3~4등은 했다. 정확하지는 않지만 팔이 몸에 붙어 있는 느낌이 좀 있었던 듯싶다.

우리가 모두 다시 만난다면 내 기억이 맞는지 틀린지 확인할 수 있을까. 세월은 흐르고 기억도 흐려진다. 그래도 학창 시절을 함께했던 친구들은 흐릿해진 기억의 틈에 그대로 남아 있다.

## 찔레꽃 붉게 핀 날

동네 한 바퀴를 돌다가 다른 집들을 구경하는 재미가 있다. 저 집에는 살구나무가 있네, 복숭아나무도 있네 하면서. 대체로 장미꽃이 눈에 확 띈다. 빨간 장미도 있고 분홍빛 장미, 그리고 노란 장미도 있다. 그런데 어떤 집에는 찔레꽃이 피어 있다. 분명 찔레가 맞다. 찔레꽃이 피었고 은은한 찔레꽃 향기가 기억이 났다. 지금 사는 곳에서도 찔레를 볼 수 있음에 감사하게 된다.

어릴 때 찔레는 최고의 간식이 되곤 했다. 찔레의 순이 제법 길어졌을 때, 아직 가운데 '심'이 생기지 않았을 때 찔레순을 많이 꺾어 먹었다. 심이 생기면 질겨서 먹지 못했다. 심이 생겼다는 것은 완전한 가지가 되고 있다는 걸 의미했다.

어떤 순은 좀 색깔이 붉었고 맛은 떫었다. 반면 어떤 순은 초록빛이었으며 맛이 시원하고 달았다. 그 순은 바로 먹어야 했다. 냉장고가 없던 시절이라, 잠시 두면 순이 시들해졌고 보기도 먹기도 애매해졌다.

옛날부터 찔레밭에는 뱀이 많다는 이야기가 있었다. 늘 찔레를 꺾으면서도 뱀은 없는지 잘 살피기도 했다. 다행히 뱀을 만나는 불상사는 없었다.

찔레꽃 하면 늘 생각나는 친구 승진이가 있다. 중1 때 같은 반이었는데, 승진이가 앞에 불려 나가 장기자랑으로 찔레꽃 노래를 불렀다. "찔레꽃 붉게 피는 남쪽 나라 내 고향…"
열네 살짜리가 부르기엔 좀 부적절했는데 트로트 열풍이 이어지고 있는 요즘에 더 어울릴 듯싶다.

승진이는 얼굴이 검은 편이라 혼혈이라고 해도 믿을 정도였다. 그리고 중1 때는 분명 모범생이었는데, 나중에는 공부를 게을리했고 친구를 잘못 사귀었던 것 같다.

지금도 찔레꽃 필 때면 코끝으로 전해지는 그 향기가 너무 진해서 어린 시절 친구들이 떠오른다. 일부러 꾸미려 애쓰지 않지만, 있는 그대로의 모습이 진정 아름다운 것처럼 친구들과의 추억 역시 그렇다.

# 세상 참 좁다

순철이와 싸움을 한 지환이는 3~4년 전 연락이 됐다. 선산중학교 네이버밴드를 통해서였다. 가입했더니 지환이가 전화를 걸어왔다. 그 당시 지환이가 동창회장을 맡고 있었다.

지환이는 나를 좀 알고 있었다. 난 지환이가 독동인지 원동인지 하는 동네에 산다는 것 그 이상은 알지 못했다. 자기는 농사를 짓고 있다 했다. 그리고 놀라운 사실은 내 친척과 결혼했다는 것.

'선댁'이라 불리는 집의 첫째 딸의 장녀랑 결혼했다. 보영이었다. 보영이는 예쁘게 생겨서 지환이랑 고등학교 때부터 사귀었나 보다. 보영이에게는 대성과 선우란 두 남동생이 있었다. 부모님은 내 기억으로는 5일장을 돌아다니며 물건을 팔았다. 그래서 선댁에 자주 맡겨진 듯했다.

막내는 또래보다 참 작고 왜소해서 안타까워했다. 선산중고를 다닐 때 우연히 마주칠 때면 반갑게 인사를 하곤 했었다. 그 삼 남매는 힘들게 자랐는데 지금은 어떻게 사는지 걱정도 되고 마음이 쓰였다.

세상은 참 좁고 좁았다. 선산에 내려가면 꼭 연락을 달라고 지환이가 말했다. 나도 그러겠다고 했으나 가지 못했다. 사실 전화하기도 부담스러워서 아직 연락도 못 하고 있다.

살다 보면 우연이란 단어로 설명하기 어려운 인연들이 만들어진다. 그래서 '세상 참 좁다'라는 말이 저절로 나온다. 어떤 인연으로 연결될지 알 수 없으니 모든 만남을 소중하게 생각해야 할 거 같다.

# 구해줘! 영기

중2 때의 일이다. 나와 규식은 절친이었다. 규식이 짝꿍은 영기였다. 둘 다 선산 촌놈답지 않게 얼굴이 희고 말끔했다. 대구나 서울에 사는 애라고 해도 믿을 만큼 미소년들이었다. 둘이 단짝이었다. 한번은 비가 많이 온 후 둘이 집 근처의 감천(낙동강의 지류로 아주 큰 하천)에서 멱을 감았다고 한다. 규식이 집은 알봉(봉황의 알로 추정되는 작은 동산) 근처의 과수원집이었고 근처에 감천이 있었다.

영기는 수영을 못했나 보다. 그리고 감천의 물살이 예상외로 강했다. 영기가 물살에 버티지 못하고 둥둥 떠내려가게 됐다. 그때 규식이가 온 힘을 다해 잡았고 천신만고 끝에 천변으로 나오게 됐다고 했다. 웃으면서 이야기했지만 아마 생사가 갈리는 대단히 위험한 상황이었다.

셋이서 종종 장난을 쳤는데. 둘이 덤벼도 나한테 상대가 되지 못했다. 난 키 번호가 4~5번이었고 둘은 30번 대였으니 키는 나보다 10여 센티미터 더 컸지만 내가 힘과 스피드가 좋았다. 규식이를 쓰러뜨린 후 바로 영기도 제압하곤 했다.

미술 야외 수업 때였다. 수채화를 그리는 시간에 풍경화를 그렸다. 규식이랑 영기가 한 팔레트로 그림을 그렸다. 규식이가 그림을 대단히 잘 그렸다. 재능이 남달랐다. 규식이가 물감을 잘 배합해 놓으면 영기도 그걸로 그렸다.

  내 눈에는 영기 그림이 규식이 그림보다 더 나아 보였다. 색 배합이 중요하구나 싶었다. 그리고 규식이는 검은색 물감을 사용하고 싶어 안달 나 있었다. 검은색을 이용하면 그림이 확 살아난다고 했다. 그런데 김미경 미술 선생님은 검은색을 절대 사용하지 말라고 했다. 희미한 기억으로는 풍경화에 검은색을 사용하는 게 아니라고 했던 거 같다.

규식이는 김천고등학교를 거쳐 통계청 직원이 됐고 2년 전 구미에서 만났다. 예전의 모습이 많이 남아 있었지만, 머리숱이 적었다. 무엇보다 나보다 키도 작고 왜소해진 게 너무 낯설었다.

# 악몽의 축구 시합

5학년 때 일이다. 4학년 애들과 함께 체육 시간이 겹쳤다. 그때 최강욱이 주동이 되어 4학년과 축구 시합하고 싶다고 했다. 정기범 선생님은 안 된다고 했다. 애들이 꼭 하고 싶다고 생떼를 쓰자 선생님은 제안을 했다. 시합을 허락할 테니 단, 이겨야 한다고 말했다. 정확히 기억은 안 나지만 큰 점수 차로 이겨야 한다고 했다. 두 골 차 이상인지, 세 골 차 이상인지 정확하지는 않다. 한 골 차로 이기는 경우도 벌을 주겠다고 했다. 그런데도 애들은 "와!" 하면서 교실이 떠나갈 듯 소리치며 되게 좋아했다.

난 솔직히 축구를 안 하고 싶었다. 더구나 4학년 애들하고 시합을 왜 해야 하는가. 그것도 큰 점수 차로 이겨야 하는데, 적은 점수 차이로 이기거나 혹시나 지면 어떡하겠는가. 예감이 불길했다. 그렇게 시합은 시작됐다.

난 평소대로 골키퍼가 됐다. 골은 잘 터지지 않았다. 그렇게 시간이 흘러갔고 거의 중반쯤 됐을 때였다. 4학년 애들이 코너킥 기회를 얻었다. 키커는 황태영이었다. 공을 적당히 잘 띄웠다. 내 키를 넘어서 공이 골대를 지나치나 싶었다. 그 자리에 4학년 조재완이 있었다. 재완이는 운동 신경이 그다지 뛰어나지 않은 애였다. 그런데 그 녀석이 무릎을 살짝 올렸다. 그 무릎에 공이 정확히 맞았고, 그 공은 골대로 들어갔다. 우리가 실점한 것이다.

결국 그렇게 경기가 끝났다. 우리가 1 대 0으로 졌다. 정기범 선생님의 얼굴은 붉게 일그러졌다. 화가 나 있었다. 그도 그럴 것이 5학년 애들이 4학년에게 지는 것은 말이 안 됐다. 그 무렵 아이들에게 1년의 차이란 아주 크지 않던가. 지금 생각해 보면 그 당시 4학년 애들의 발육 상태가 좋았던 것인지 우리 5학년 애들의 발육이 안 좋았던 것인지, 키 차이가 별로 안 났다. 오히려 우리보다 큰 애들도 많았다.

1 대 0으로 진 대가는 정말 컸다. 우리는 전부 주먹 쥐고 엎드려뻗쳐를 한 채 운동장을 한 바퀴 돌았다. 운동장에는 왜 그리 작은 돌들이 많은지 주먹 쥔 손이 엄청 아팠다. 피부가 막 벗겨지고 피가 났다. 강욱이를 비롯하여 시합하자고 난리를 쳤던 녀석들이 미웠다. 이겨봐야 본전인 경기를 왜 하는가 말이다. 절대로 해서는 안 되는 경기였다.

## 유선이의 모전여전

어린이날이나 가을 운동회에서 하이라이트는 역시 학년별 이어달리기였다. 거의 행사의 마지막 시간에 배정됐고 가장 박진감 넘치는 경기였다. 이 결과에 따라 동별 등수 또는 청백 팀의 우승이 결정됐다.

  내 기억에 강하게 남아 있는 경기 장면이 또 있었다. 엄마들의 달리기였다. 우리 나이가 열 살 안팎이었고 당시 스무 살 전후에 결혼하고 애를 낳던 시대이다 보니 아마도 30대 엄마들이 대부분이었을 것이다. 그런데 유독 잘 달리는 엄마가 있었다. 다른 엄마들을 여유 있게 따돌리고 1등으로 들어오는 분이 바로 김유선의 엄마였다.

  유선이가 잘 달리는 것은 결국 유전자의 힘이었구나 싶었다. 유선이는 우리 동네의 앞뜰의 맞은편에 있던 포상동에 살았다. 포상동은 특이하게 배산임수 지형이긴 했지만, 남향이 아닌 북향으로 난 동네였다. 그 동네엔 정씨가 많이 모여 살았다. 정씨

집성촌이었는데 유선이는 김씨였다.

유선이는 뺨에 큰 점이 하나 있었다. 얼굴은 미인형과는 거리가 멀었는데 유선이 엄마는 미인이었다. 그리고 두 살 아래 여동생도 굉장히 예뻤던 게 특이했다. 유선이와 동생이 친자매란 게 믿기질 않을 정도였다.

유선이와 경쟁 관계에 있던 여자애가 없었고, 웬만한 남자애들보다 빨랐다. 희한하게 라이벌처럼 느껴진 여자애는 1년 후배 대원의 민경이었다. 둘의 단축마라톤 대회에서의 처절했던 마지막 경주 장면이 떠오르곤 했다.

# 뺨 때리기

고1 수학 시간 때였다. 그때 수학 선생님은 나이가 많았다. 교감으로 발령받아야 하는데 정원이 없어서 수학 선생님을 하고 있다고 했던 거 같다.

이 선생님은 첫 단원인 집합과 다음 단원인 명제까지는 무난하게 수업을 진행했다. 그다음 단원부터는 부담스러워했다. 나에게 문제를 풀어 보라고도 했고 나중에는 두 손 들어 버렸다. 그래서 긴급히 수학 선생님 대타를 구했다.

결국 물리 담당이었던 신영철 선생님이 수학을 가르치게 됐다. 하루는 수학 시간에 엄은수와 짝이었던 애가 떠들었다. 선생님께 딱 걸려 불려 나와서 벌을 받게 됐다. 벌이 특이했다. 상대방 뺨을 때리는 거였다.

처음에는 툭 치는 정도였다. 툭 툭 치는 흉내만 냈다. 그러니 선생님이 더 세게 치라고 했다. 짝 소리 나게끔. 할 수 없이 둘은 조금 더 세게 치기 시작했다. 선생님은 더 크게 세게 때리라고 했다. 그때 은수가 실수로 생각보다 상대방의 뺨을 너무 세게 쳤던 것이다. 친 놈이나 맞은 놈이나 좀 놀라고 당황했던 거 같았다. 맞은 놈이 '어어 이놈 봐라' 하는 눈빛이었다. 맞은 것보다 좀 더 세게 반격했다. 그러자 슬슬 둘은 열받아 갔다.

이렇게 점점 더 세게(뭐 크레센도 아니고) 치기 시작했다. 뺨 때리기를 시킨 선생님도 우리도 좀 이건 아니다 싶은 마음이 들었다. 결국 한 놈이 몸을 뒤로 젖혔다가 사정없이 상대방을 쳤다. 그러자 맞은 놈은 아예 한두 발짝 뒤로 물러서서 달려들 듯이 때리려고 했다. 뺨을 더 맞으면 입에서 피가 나올 것 같은 살벌한 상황이었다.

그때 선생님이 보다 못해 중지시켰다. 제지당한 놈은 엄청나게 억울해했다. 진짜 처음에는 장난으로 시작했는데, 마지막에 큰 싸움이 되어 버렸다. 둘 다 씩씩거렸다. 안 말렸으면 치고받고 뒤엉킬 게 뻔한 상황이었다. 둘이 자리에 앉고서도 분을 삭이지 못했다.

30년이 지난 지금 생각하면 당시 말도 안 되는 체벌이 많았던 거 같다.

## 거북이 등처럼 갈라진 손

1학년 시절의 일이다. 박지환은 키가 제법 컸다. 키 번호는 50번쯤 됐다. 못생긴 얼굴은 아니었지만, 좀 거칠게 생겼다. 말도 거칠었고 제일 거친 것은 다름 아닌 손이었다. 거칠다 못해 텄다. 봄 여름 가을에는 손이 터 있어도 크게 문제 될 건 없었다. 문제는 겨울이다. 손이 터서 거북이 등처럼 갈라졌다. 조금만 건들어도 피가 배어 나올 판이었다. 난 지환이의 손을 볼 때마다 내가 다 따끔따끔했다.

홍순철은 읍4동에 살았다. 이문동이었다. 우리보다 한 살 많았던 것 같다. 무슨 이유에서인지 몰라도 1년 어린 우리와 함께 다녔다.

어느 날 지환이와 순철이 둘이 서로 옳다며 시비가 붙었다. 대체로 나이가 한 살 많은 형과는 싸울 일이 없다. 그래도 형이나 누나의 동기이기 때문에 웬만하면 조심하게 마련인데, 어쩌다가 티격태격했다. 지환이가 순철이보다는 키가 훨씬 컸고 덩치도 좋았다. 보나 마나 싸움의 결과는 정해져 있었다. 서로 주먹이 오고 가니 싸움을 뜯어말렸다. 씩씩거리며 자기 자리에 앉았다. 내가 보기에는 순철이가 운이 좋았다. 그 정도에서 마무리됐으니 말이다.

두 사람과는 더 이상 인연이 없었다. 반도 달라졌고 고등학교 때는 둘의 얼굴이 보이질 않았다. 그런데 의외의 장소에서 순철이를 보게 됐다. 대학 1학년 때였다. 신검을 받기 위해 선산 터미널에서 북대구 터미널행 버스를 탔는데 순철이가 있었다. 중1 때의 모습은 온데간데없었고 키도 꽤 컸으며 멋진 어른이 되어 있었다. 둘이 나란히 앉아서 가게 됐다. 나는 솔직히 반가웠는데 순철이는 그렇지 않은 듯했다.

  이런저런 이야기를 나눴는데 대화는 금세 끊겼다. 이야기란 리액션이 적당히 있어야 재미도 있고 화제가 이어지게 마련인데, 창가에 앉은 순철이는 바깥을 쳐다보곤 했다. 그리고 그게 끝이었다.

# 수학여행

1983년 어느 날 (이른 가을로 기억함) 새벽에 학교 운동장으로 모였다. 그 시간이 6시였는지 7시였는지는 기억나지 않지만, 평소 등교 시간보다 아주 이른 시간에 학교로 향했다. 그날은 바로 수학여행 날이었다.

동원된 관광버스는 두 대였을 것이다. 한 반 인원이 30명이 넘었으므로. 설레는 마음에 잠도 좀 설쳤던 거 같다. 매년 소풍, 어린이날, 운동회 전날에는 늘 밤잠을 설쳤다. 당일 비가 안 오기를 간절히 아주 간절히 바랐다. 하늘에 계신 그분께도 기도했던 거 같다.

수학여행의 목적지는 경주, 포항, 대구였다. 아무래도 경주가 메인이었다. 불국사에도 갔고 경주 민속박물관에도 갔다. 지금도 잊히지 않는 장면은 윤정국의 유창한(?) 영어 실력이었다. 백인 외국인에게 "Hi" 하면서 인사를 했던 그 장면. 되게 부러웠다. 멋있었다. 일단 난 영어의 A도 모르던 시절이었다.

그 당시 고등학생이었던 형에게 "A는 ㄱ, B는 ㄴ, C는 ㄷ 아니냐"라고 물었다. 형은 묘한 표정으로 나중에 알려 준다고 했다. 아무튼 정국이의 대담함이 돋보였다.

그 귀한 유적지에 가서도 남자애들의 관심은 전자오락실에 가 있었다. 짬을 내서 오락을 했다. 포항에 가서 포항제철도 견학했던 거 같고 바닷가 해수욕장에도 갔다. 거기서 조개 조각도 주웠다. 그런 후 대구로 향해 달성공원과 동물원에도 갔다. 거기에 '거인'이 있었던 거 같다. 나이는 40대로 보였는데 덩치가 컸고 TV에도 나왔던 거 같다. 그리고 거대한 비단뱀도 봤다.

당일치기 여행이었지만 정말 알찬 시간을 보냈다. 선생님과 교감 선생님은 긴장 상태였을 것이다. 수학여행 사진을 볼 때면 그때의 기억이 떠올라 정겹다.

# 5학년 독서왕

5학년 때는 학교 전반적으로 독서 분위기가 강했다. 교장 선생님의 의도였는지 모르겠지만 독서를 생활화하자는 쪽으로 쏠렸다. 도서관도 제법 잘 만들었고, 책들도 많이 들어왔다. 난 신동우 화백의 만화와 위인전 위주로 읽었다. 그때 읽은 위인전 중에 임영신(여성 거물 정치인)과 정기룡 장군이 기억에 남았다. 정기룡 장군의 기억이 가물가물해질 무렵 우연히 상주 경천대에 갈 일이 생겼다. 그곳 입구에 정기룡 장군의 동상이 있었다. 그는 육군의 이순신 격이었다. 기록에 따르면 60전 60승이었다고 한다. 대단한 전과다.

도서관 사서 선생님이 독서 카드를 하나씩 만들어서 자율적으로 자기가 읽은 책 목록과 페이지 숫자까지 적도록 했다. 학기 말에 독서왕을 뽑아서 상을 줄 거라고 알려 주셨다.

난 하루에 한 권꼴로 빌려서 읽고 반납했다. 거의 한 학기에

100권 이상 읽었던 거 같다. 나의 강력한 경쟁자는 임성수였다. 나와 성수가 거의 압도적으로 선두였다. 1등 하려고 더 열심히 읽었고 결국 독서왕으로 뽑혔다. 성수는 공부와 독서와는 담을 쌓은 녀석이었는데, 안 읽고선 읽었다고 막 써서 짜증이 났다. 그 녀석은 왜 그리 밉상짓을 많이 하던지 나중에는 멱살 잡고 싸우기도 했다. 참 나도 가지가지 했다 싶다.

## 친구들의 먹이사슬

중1 때 2반으로 배정받았다. 우리 반에는 황태호가 있었고 반장이 됐다. 입학 성적은 1반의 김호섭이 1등이었고 태호가 2등이었다. 둘만 단상으로 올라가서 상을 받았던 기억이 난다. 장학금도 받았다고 들었다. 아무튼 3월 월말고사부터 태호는 전교 1등을 놓친 적이 거의 없었다. 평균 99점 정도 받았다. 나의 첫 월말고사 성적이 92점이었다. 그 점수를 본 형은 "너 대학 가겠다"라고 했었다.

우리 반에 특별히 기억에 남는 친구는 이광수, 안병석, 이진석 등이었다. 광수는 키는 작았으나 깡다구가 장난 아니었다. 애들을 많이 괴롭혔고 교실에서 싸움도 많이 했다. 안병석은 키도 크고 잘생겼다. 책상 위로 막 뛰어다니던 모습이 생생하다. 그리고 이진석은 뚱뚱했다. 화신슈퍼 근처에 살았는지 그 집 아들이었는지 그랬던 거 같다.

진석이 별명은 헬기였다. 헬기가 다른 비행기에 비해 뚱뚱하니까. 진석이를 능가하는 친구가 다른 반의 강경일이었는데, 항공모함이 별명이었다. 대부분 날씬하거나 약간 통통한 체형이었는데 경일이 진석이 둘 다 눈에 띄는 비만 청소년이었다.

그런데 세 명의 묘한 먹이사슬이 보였다. 광수한테 병석이는 기가 죽어 있었다. 그런 병석이는 진석이에게는 강했다. 진석이에게 광수는 적수가 못 됐다. 키 크고 덩치 좋은 진석이에게는 광수가 적수가 못 됐나 보다. 키가 엇비슷한 병석이는 진석이게 이겼던 모양이다. 세 명의 관계를 관찰하는 재미도 쏠쏠했다.

## 눈빛이 살아 있네

6학년 때부터 한 학년 올라갈 때마다, 반이 새로 배정될 때마다 난 우리 반에 누가 있나 열심히 관찰했다. 특히 공부 잘하는 애들을 챙겼다. 중1, 학기 초라 서로 잘 모를 때 내 눈에 확 띈 친구가 하나 있었다. 남동현. 선생님 말씀하실 때 눈빛이 살아 있었다. 눈에 총기가 흘렀다. 아 저 친구는 공부 잘하겠구나 싶었다. 실제로 그랬다. 나랑 2등을 다퉜다.

동현이는 산촌 출신이었다. 산촌은 내가 가 보지 못했지만 태봉2동(덕익동, 디기라고 불렀음)보다 훨씬 더 산골이었던 거 같다. 얼마나 산골이었으면 동네 이름이 산촌일까. 읍내까지 통학할 수 없어서 그때도 이미 동현이는 자취를 했다. 점심도 얼른 먹고 창가 틀 밑에 들어가서 공부하곤 했다. 그 당시 건물 뒤쪽 1층 교실에는 창가 틀 아래로 꽤 큰 공간이 있었다.

동현이는 그림을 무척 잘 그렸다. 굉장히 재주가 많은 친구였던 거 같다. 얼굴도 미남형이었고 키도 컸다. 꽤 세 보이는 애가 동현이한테 꼼짝을 못했던 걸 우연히 봤다. 그리고 2학년부터는 다른 반이 됐고 관심에서 멀어졌다. 나중에 들은 소식으로는 금오공고로 진학했다고 들었다.

1984년 어느 토요일 오후에 봉곡 근처의 신작로에서 동현이가 경운기 뒤에 탄 채로 덕촌, 대원 방향으로 가는 걸 봤다. 아마 아버지의 경운기를 타고 귀가 중이었나 보다. 그 장면이 왜 이렇게 잊히지 않는지 모르겠다.

## 마지막 몸짓을 나누자

비둘기의 '마지막 몸짓을 나누자'라는 노래를 참 좋아한다. 멜로디도 좋지만, 가사가 완전 시다. 이 노래가 중1 때 들은 노래라고 착각하고 있었다. 그 이유는 이 노래를 처음 들은 게 교실이었고 노래를 부른 친구는 죽장리의 최원주와 교동의 정지훈(?)이었다. 그 둘이 중1 때 내 뒤에 앉은 친구들이라고 잘못 기억하고 있었던 것이다.

 이 노래는 1986년에 발표된 노래란 걸 알고 내 기억이 잘못되어 있었음을 깨달았다. 다시 기억을 정리해 보니 중3 때 교실 풍경이 되살아났다. 원주와 지훈은 내 뒤에서 쉬는 내내 노래를 불렀다. 다행히 둘의 노래 실력은 괜찮았다. 공부하면서도 그 둘의 화음에 빠져들곤 했다.

 숱한 노래들 가운데 유독 이 노래만 기억에 남아 있다. 이 노래는 원래 약간 느린 곡이다. 그런데 원주와 지훈은 이 노래를 1.5배 빠르게 불렀다. 그게 굉장히 자연스러웠다. 댄스곡으로도 괜찮을 듯싶었다.

가끔 라디오에서 이 노래가 나올 때마다 시적인 가사에 흠뻑 빠지곤 한다. '릴케의 시', '멜라니의 노래' 이 얼마나 멋진 표현인가?

원주와 지훈은 지금 뭘 하고 사나 궁금하다.

# 홍보석 같은 석류 알

석류는 굉장히 귀한 과일이었다. 우리 동네에서 석류나무를 딱 한 그루 봤던 거 같았다. 나무의 위치가 굉장히 애매했다. 동장님 집의 뒷마당 끝 담장 근처에 있었다. 담장에서 손을 뻗으면 닿을 듯 말 듯한 거리였다. 빨갛게 익어 가는 석류를 구경만 했던 거 같다.

어느 날 용태가 그 귀한 석류를, 그것도 꽤 큼지막한 걸 하나 갖고 왔다. 2반 애들이 대충 36명쯤 됐을 것이다. 그 석류를 쪼개니 안에 루비 같은 영롱한 홍보석들이 가득했다. 정말 먹음직스럽게 보였다. 그걸 1인당 몇 알씩 분배했다.

새콤달콤한 맛이 입 안에 가득 퍼져나갔다. 석류의 향만큼이나 기분이 좋아졌다. 원래 이렇게 먹으면 더 감질나는 법이라 그 맛이 잊히지 않았다. 석류 하나로 그날의 교실 분위기는 굉장히 좋았다. 콩 한 쪽도 나눠 먹자던 5학년 1반의 반가처럼 나눠 먹으니 좋았다.

석류는 이란과 아프가니스탄이 원산이며 국내에는 500년 전에 들어온 것으로 추정한다고 들었다. 지금 석류가 흔해진 건 이란 등 중동 지역에서 수입하기 때문일 것이다.

   석류의 거칠어 보이는 겉껍질에 비해 알알이 찬 석류 속은 참 예쁘다. 보석 같은 알맹이처럼 석류를 나눠 먹던 기억의 조각도 소중하게 여겨진다. 좋은 추억거리를 만들어 준 용태야 고맙다.

# 신기한 에스컬레이터

영기와는 여러 번 같은 반이 된 듯하다. 중1, 중3 때 같은 반이었던 것으로 기억한다. 영기는 그다지 큰 편은 아니었다. 키 번호로는 17번 정도 됐으나 꽤 다부진 체격이었고 성격도 다소 세 보였다.

중3 때였다. 덕촌 동창이면서 같은 동네 친구인 형배와 영기가 한판 붙었다. 형배는 키는 컸으나 너무 말랐다. 나뭇가지 하나가 걸어 다니는 듯했고 아주 얌전했다. 그래서 영기가 형배를 만만하게 봤던 것 같다.

아무래도 형배는 농사일로 근육이 생겼을 것이고 힘도 셌을 것이다. 영기와 걸상을 사이에 두고 싸우다가 영기의 멱살을 잡고선 자기 쪽으로 홱 당겼다. 영기의 몸이 휙 하고 날라왔다. 그것으로 싸움의 승패는 났다. 애들도 그때 둘을 말렸다. 영기는 꽤 분한 듯이 씩씩거리고 가만 안 둔다고 했던 것 같다. 그때 형배의 표정이 좀 희한했다. 이렇게 쉽게 제압하리라 예상을 못했던 것 같다. 표정에 희미한 승리감과 자신감이 묻어났다.

영기는 약간은 호전적이어서 종종 싸움을 했던 것으로 보인다. 그래도 나에겐 꽤 친절했고 말도 많이 걸곤 했다.

하루는 주말이었는데 학교에 나왔다. 이때는 고1 무렵이었다. 이런저런 신문물에 관한 이야기를 하며 에스컬레이터를 타봤다고 했다. '난 그런 게 있어?' 하는 신기함과 궁금증이 있었다. 상하로 움직이는 엘리베이터는 알고 있었으나 비스듬하게 위아래로 움직이는 에스컬레이터가 있다니…. 꽤 오랫동안 엘리베이터와 에스컬레이터를 혼동하지 않으려 노력했다.

영기는 자기 외갓집이 예천이라 했다. 예천에는 비행장이 있었다. 예천의 장군 출신 정치 거물인 유학성의 작품이었다. 유학성은 전두환의 선배였지만 쿠데타의 1등 공신이었고 5공 내내 큰 영향력을 가졌다. 경북의 애매한 시골인 예천에 비행장을 만들다니…. 예천 공항은 '유학성 공항'이라고 불렸다고 들었다.

예천에는 신호등이란 게 있다고 했다. 꽤 오랫동안 선산에는 신호등이 없었다. 언제 생겼는지는 모르나 아주 늦게 생겼을 것이다. 신호등의 빨간색, 녹색에 따라 움직여야 한다고 가르쳐 줬다. 내 느낌에 예천은 꽤 도회지 같았다. 나중에 알고 보니 예천은 여전히 '시'로는 승격하지 못해서 선산과 도긴개긴이었으나 조금 더 컸던 듯싶다.

영기네는 단계슈퍼에서 선산읍교회로 가는 길 쪽에 있었다. 아버지는 양장점을 운영했다. 우리의 교련복은 영기네 가게서 맞췄다. 교련복을 맞출 때 팔 벌리고 신체 치수를 쟀고 얼마 뒤에 찾으러 갔다. 영기 아버지와 영기는 꽤 닮았다고 생각했다. 아무튼 연 120명의 교련복을 맞췄으니 영기 집은 꽤 돈을 많이 벌었을 것 같다. 어쩌면 영기는 아버지의 가업을 이어받아 그 일을 하고 있을지도 모르겠다.

## 인과용보

광묵이와 용보는 둘도 없는 단짝이었다. 둘 다 일단 키가 작았다. 광묵이는 3~4번, 용보는 10번(?) 정도로 작은 편이었다. 지금의 키를 본다면 믿기 어렵겠지만 그때는 확실히 작은 편이었다. 그리고 집이 같은 방향이었다. 광묵이는 선산여고 바로 앞의 다세대(?) 집의 왼쪽에 있었고 용보는 이문동에서 아주 가까운 죽장리에 있었다. 둘 다 공부를 잘했다. 이래저래 죽이 잘 맞을 수밖에 없었다. 광묵이는 용보의 별명을 '인과용보'라 지어 줬다. 인과응보를 살짝 비튼 이름이었다. 확실히 잘 기억되는 별명임에는 분명하다.

용보는 삼 형제 중 가운데였다. 용용용 형제라 이름이 기억하기 쉬웠다. 용재, 용보, 용배 삼 형제를 키우는 건 정말 어려운 일이지만 내가 보기에 삼 형제는 참 착했던 거 같았다. 모범생이기도 했고 다들 얌전한 성격으로 기억한다. 용보네는 선산터미널 근처의 이층집으로 이사를 했던 거 같다. 우리는 정말 염치없게도 그 좁은 집에서 1박을 하기도 했다. 비디오테이프를 빌려서 영화를 한두 편 봤다. 그러다가 구미 시내로 이사를 갔다. 용보는 이과 반에서 1~2등을 다퉜다. 금오공대에 진학했고 건축기사가 됐다. 지금은 속초에서 자리 잡았다. 아주 특이한 일이다. 아무 연고 없는 속초 땅이라니. 아무튼 그곳에서 꽤 탄탄한 기반을 잡은 듯했다.

용보에게 희한한 사고가 생겼다. 우리는 고등학교 3년 내내 주말마다 학교에 모여서 공부도 하고 하루에 한 번 축구나 농구를 하든 했다. 가끔은 자전거를 타고선 기록 경쟁도 했다. 400미터 트랙을 누가 가장 빨리 달리느냐를 겨뤘다.

하루는 축구를 했다. 운동장이 워낙 돌밭인지라 잘 미끄러지곤 했다. 그날이 특히 그랬다. 잘 뛰던 용보가 갑자기 크게 미끄러지면서 얼굴이 바닥에 닿으며 꽤 긁혔다. 한동안 팥을 뿌려놓은 듯한 얼굴로 다녔다. 아무래도 힘이 빠진 상태에서, 다리가 풀렸는지 스르르 미끄러지듯 넘어진 듯했다.

눈에서 안 보이면 멀어진다는 옛말이 틀리진 않는다. 사총사 가운데 용보를 뺀 삼총사는 서울에서 근무하고 가까이 산다. 삼총사는 수시로 만나고 식사하곤 하지만, 용보는 못 본 지 5년도 더 넘은 듯하다. 무소식이 희소식이겠거니 생각하면 다음 만남을 기약해 본다.

## 답안지의 비밀

종욱이는 생곡 출신일 것이다. 이 친구는 볼이 유난히 컸다. 하관이 넓기도 했겠지만, 볼살이 아주 많았다. 이런 특이한 외모 때문에 기억하기가 쉬웠다.

이 친구는 중3 때 같은 반이었고 고등학교 때는 3년 내내 같은 반이었다. 고1 때는 복불복으로 같은 반이 됐고, 2학년 때는 문과가 1반, 이과가 2반이 됐다. 명색이 군 단위, 그것도 중심지인 읍 단위의 대표 고등학교다. 선산군의 선산고의 반이 두 개라고 하면 다들 안 믿는 눈치다. 아무튼 3년 내내 같은 반이 될 가능성은 절반쯤 된 셈이다.

내가 싫어하는 녀석들이 제발 이과로 갔으면 하는 마음이었다. 실제로 2반으로 간 친구들은 많지 않았고 대부분이 1반에 남았다. 그 이유는 어차피 대학 갈 생각도 없는데, 골치 아픈 수학, 과학 수업을 피하고 싶었을 것이다. 공부와 담을 쌓았다

해도 딱딱한 이과 공부가 싫었을 수도 있다. 이 녀석들은 결국 시험 문제를 100퍼센트 알려 줘도 100점 맞기를 포기하기도 했다.

25문제 전부 1~4문항까지 그대로 냈기에 답만 외워도 100점을 맞을 수 있었다. 가령 1번 문제 답 4, 2번 문제 답 3, 3번 문제 답 2, 4번 문제 답 1, 이런 식이라면 그냥 4, 3, 2, 1… 답만 외우면 된다. 숫자 25개만 외우거나 아니면 그냥 손바닥에 숫자만 써 놓고 그대로 베끼면 되는데도 60명 중 100점이 절반도 안 나온 듯했다. 솔직히 나는 정말 억울했다. 그 시험은 일본어였는데 일어 수업은 나 혼자만 들었기 때문이다. 다른 친구들은 농업을 선택했기에 일본어를 히라가나 정도만 아는 수준이어서 제대로 시험을 봤다면 대부분 40~50점대였을 거다.

어떤 선생님은 답을 운율에 맞춰서 정하기도 했다. 아마도 중2 때였는데 어떤 과목인지는 기억하지 못한다. 답이 대충 이랬다.

4,3,2,1,4,3,2,1,4,3,2,1,4,3,2,1,4,3,2,1,4,3,2,1,4…

이건 답안지에 표시할 때 정말 편하긴 하다. 난 그때, 이런 순서를 전혀 알아채지 못했는데 눈치 빠른 친구들은 이 순서를 알아내곤 100점을 맞았다. 중간에 한두 문제는 헷갈렸는데, 답안지를 표시하다가 '어라, 이런 순서군' 했다는 거다.

중3 9월 1일 새벽 무렵, 말벌에 인중을 쏘였다. 그날 아침에 볼이 매우 부었는데, 거울에 비친 내 모습이 종욱이처럼 보였다. 가뜩이나 못생겼는데 퉁퉁 부으니 더 보기 싫었다. 그래서 그날 무단결석을 해 버렸다. 도저히 이 얼굴을 보여 줄 수 없었다. 아무튼 부기는 거의 1주일이나 지나서 빠졌기에 첫날의 결석을 못내 아쉬워했다. 그 하루로 인해 3년 개근이 무산됐기 때문이다.

## 사람의 인연

경규는 태봉 친구 김성미(국민학교 동창)의 남편이라고 들었다. 둘의 만남이 굉장히 궁금했다. 아무튼 경규는 중1 때 2반 친구였다. 일단 키가 컸다. 내 기억으로 번호가 45번쯤 됐을 것이다. 한 반에 63~65명이 있었던 거 같다. 60번 대 친구들은 키가 165센티미터는 넘었을 것이다. 실제로 선생님 키와 엇비슷했고 140센티미터가 안 된 나는 목이 아플 정도로 올려다봐야 했다.

경규는 굉장히 잘생겼다. 키 크고 근육질 몸이었으며 얼굴도 미남형이었다. 성격도 좋았고 예의도 바른 편이었으며 공부도 잘했다. 내 기억으로는 1학기 때는 반에서 3등을 했는데 2학기 때는 2등을 했고 전교 석차도 10등 이내로 들어왔다. 내가 14등이었고 경규가 7등이었다. 그게 내겐 충격이자 자극이 됐다. 방학 때 놀면 이렇게 되는구나 싶었다.

경규 집에 간 적이 있었다. 집이 과수원을 해서 사과 농사를 크게 지었다. 지금은 폐교된 예산국민학교 출신이었고 동네가 북산이었던 것 같다. 1학년 2학기 무렵이었던 그날 기술 숙제를 같이했다. '제도'였는데, 집의 건축도면 같은 걸 그려 내야 했다. 정말 쉽지 않았다. 꼼꼼히 자를 이용하여 잘 그려 내야 했다. 내가 제일 싫어하는 숙제였다.

나와 경규는 호마이카 사각 테이블을 펴 놓고 함께 그려 나갔다. 시간이 지날수록 내 도화지는 조금씩 채워 나간 만큼 샤프심 가루로 검어지고 있었다. 반면 경규 도화지는 아주 깔끔했다. 자에 샤프심을 어떻게 닿게 하는지와 그 흑연 가루를 휴지 등으로 적절히 닦아내는지 등에 따라 오염도가 달랐을 것이다. 정말 난 그게 신기했고 부러웠다. 내건 70점짜리였고 경규는 95점 이상짜리였다. 확실히 난 그쪽 재능이 없음을 뼈저리게 느꼈다.

중3 때 나와 경규는 다른 반이었지만 오다가다 만나면 반가워했다. 그사이 경규의 성적은 정체 또는 하락하고 있었던 듯싶었다. 김천고에 당연히 들어갈 줄 알았는데 구미고로 진학했다.

1986년 9월경이었다. 사춘기 시절이라 다들 얼굴에 여드름이 막 나는 때였다. 그런데 얼굴에 여드름 비슷한 종기도 나곤 했다. 황태호가 그랬고 임경규도 그랬다. 나도 콧등에 큰 종기가 났다.

가끔 경규는 어떻게 살고 있을까 궁금했다. 그런 경규가 성미와 가족이 됐다는 소식을 듣고 꽤 놀랐다. 사람의 인연이란 게 알 수 없다.

## '김명덕' 흉내 내기

광묵이는 중3 때 내 짝이었다. 내가 4번, 광묵이는 3번이었던 걸로 기억한다. 중2 때부터 광묵이를 알고는 있었다. 광묵이는 영어 능통자였다. 'May I help you?'란 표현을 유일하게(중2, 다섯 개 반 300명 중) 알고 있었기 때문이다. 우리 반 담임 선생님이 고등학교 일어 선생님이기도 했지만, 중2 영어 과목을 병행해서 가르치고 있었다. 선생님이 광묵이가 그 표현을 알고 있더라며, 우리 반 수업 시간에 이야기해 주셨다. 그래서 그의 존재를 알게 됐고, 광묵이가 어떤 애인지 궁금했다.

이름이 특이해서 금방 찾을 수 있었다. '묵'자가 들어가는 이름은 흔치 않았던 거 같다. 광묵이는 활달하다 못해 좀 까불거리는 스타일이었던 듯싶다. 제일 기억에 남는 몸짓은 '김명덕' 흉내 내기였다.

그 당시 인기 코미디언이었던 김명덕은 원숭이 흉내를 기막히게 냈는데 그걸 싱크로율 90퍼센트 수준으로 재현해 냈다.

그리고 머리 스타일도 독특했다. 제일 기억에 남는 건 머리 꽁지. 뒷머리 중 가운데 부분이 꼬부랑 느낌이어서 늘 뒤통수를 볼 때마다 참 희한하다 싶었다.

영어 웅변대회를 할 때면 광묵이가 1등을 했던 거 같다. 국민학교 고학년 때, 전학 와서 사투리를 별로 안 썼고 서울말을 쓰곤 했던. 서울 한번 가 본 적 없던 시절, 서울 출신이란 건 되게 부러웠다. 하물며 부산이나 대구의 친척이 와도 때깔이 다르다고 느꼈을 정도니 말이다.

# 러브레터

광묵이랑 나는 창가 쪽에 앉았던 듯싶다. 당시 4분단쯤 있었던 거 같은데, 매주 또는 매월 옆으로 이동해야만 했다. 어떤 때는 창가 쪽에 앉고 다음에는 복도 쪽에 앉기도 했다. 무슨 시간이 었는지는 기억에 없지만 광묵이는 무슨 감상에 빠졌는지 창밖을 바라보고 있었다. 그러더니 수업 중이었는데도 창밖을 보라고 했다.

교사 뒤쪽 2층이 우리 교실이었는데 창밖을 통해 도서실 겸 대강당 건물의 지붕을 볼 수 있었다. 그 지붕 끄트머리에 두 마리의 참새가 짹짹거리며 싸우는지 장난치는지 마치 레슬링하는 듯한 포즈였고 둘이 데구루루 굴러떨어지는 듯한 장면이 눈에 들어왔다.

보기 드문 장면이어서 나더러 보라고 했던 것 같다. 아무튼 눈썰미 뛰어난 선생님의 수업이었다면 꿀밤 한 대를 맞을 만한 상황이었지만 별문제 없이 지나갔다. 광묵이는 그런 여유와 딴

짓을 즐길 줄 알았던 친구였던 게 한편으로는 부럽기도 하다.

광묵이는 고2 때 여고 국어 선생님의 딸이자, 여고 2학년에 재학 중이던 수진이를 좋아했다. 수진이는 나와 국민학교 동창이어서 좀 아는 사이였다. 선산휴게소 바로 아래의 대원저수지 옆에 살았다. 거기서 학교 통학하는 것이 쉽지 않아서 2학년 때는 여고 근처에서 하숙 아니면 자취를 했다.

그 당시 광묵이는 러브레터를 쓰고 있었다. 원래 감상적인데다 글도 제법 잘 썼던 거 같다. 실제로 보내기도 했고, 답장도 여러 번 왔던 걸로 기억한다. 당시 그의 성을 따서 M에게로 해야 하는지, 이름 끝자 진의 J에게로 해야 하는지를 서로 의논했던 일도 생각난다.

# 이상의 날개

"젊은이여 이상의 날개를 활짝 펴고 날아가 보자…"

이미키라는 가수가 부른 '이상의 날개' 가사다. 이미키는 1986년 데뷔곡인 이 노래로 크게 인기를 얻으며 등장한 가요계 신데렐라였다. 놀랍게도 그녀는 고故 김광석이 리메이크해 히트한 '먼지가 되어'의 원곡 가수라고 한다. 예전에는 꿈, 우정, 나라 사랑 등 많은 주제의 명곡들이 많았다.

'이상의 날개'는 우리가 중3 때 히트곡이다. 고입 시험이 끝나고 한가로울 때, 드넓은 선산 남중, 남고 운동장 농구장 뒤편에서 '사다리 타기' 게임을 하며 용석이가 이 노래를 열심히 부르면서 놀았던 장면이 떠오른다. 그때나 지금이나 날렵한 몸으로 붕붕 날아다녔던 용석이를 생각하면 이 노래를 흥얼거리게 된다.

그날 다소 충격적인 소식을 들었던 것이 기억에 생생하다. 옆

동네 죽장리의 동철이의 불합격 소식이었다. 동철이는 별명이 '여자'였는데 말투나 행동이 여성스러웠다. 반에서 10~20등 사이의 상위권일 정도로 공부는 못하는 편은 아니었다. 그런 그가 선산고에 떨어졌다는 것이다.

선산고는 2반이었고 선산중은 5반이어서 다른 학년에 비해 경쟁률이 꽤 높았다. 나를 포함하여 상위권 학생들이 김천, 구미로 가지 않고 잔류를 결정하기도 했다. 경쟁률이 2 대 1 수준이었고 합격선이 100점을 넘겼다는 이야기도 들렸다. 그래도 동철의 낙방은 이상했다. 나중에 들은 이야기로는 답안지에 하나씩 밀려서 표시했다고 했다. 낙방 소식을 접한 동철이가 닭똥 같은 눈물을 흘렸다고도 했다.

선산고 떨어진 애들은 후기 고등학교에 가야 했다. 비교적 가까운 고아고(현재는 현일고)에 갔다. 여기는 다 받아 줬다. 종종 멀리 도개고를 가기도 했다.

용석이는 6학년 때 강제 전학 온 소재 친구였고 공부를 꽤 했다. 무엇보다 달리기를 잘했다. 5년 내내 천하무적이었던 봉환이의 아성을 무너뜨렸다. 그게 엄청난 충격이었다. 공부를 제법 해서 내심 고등학교 내내 같이 공부해야겠다고 생각했는데, 1학년 때 나는 1반, 그는 2반이 되면서 자연스럽게 멀어졌다.

또 나는 문과 그는 이과로 가면서 더욱 교류가 없었다.

  졸업 후 우연히 선산 읍내에서 그를 만났다. 해군을 지원했고 운전병이 됐다고 했다. 군대 가기 전에는 구미역 앞의 금오관광호텔에서 서빙을 봤다고도 했다. 그게 그와의 마지막 만남이었다.

# 아! 옛날이여

'아! 옛날이여'는 1985년 이선희가 발표한 노래다. 노래가 발표되자마자 엄청난 상승세로 가요톱텐 상위권으로 올라서서 화제였다. 그 당시 순위 집계는 팬들의 '엽서', 라디오, TV 등 전파를 얼마나 탔는지를 기준으로 삼았던 것을 생각하면 놀라운 인기였다.

그 당시 덕촌의 수호, 용태랑 같이 자전거를 타면서 집으로 가는 길에 수호가 가요톱텐의 10위 안에 '아! 옛날이여'가 2주 만에 올랐다며, 놀랍다고 했던 말이 기억난다. 난 지금도 이 노래를 들으면 수호 생각이 난다. 당시 편도 1차선의 도로를 달리면서 두세 명이 나란히 또는 쌍으로 가면서 이야기꽃을 피웠다.

고등학교 때 음악 수업은 굉장히 알찼다. 고2 음악 시간엔 클래식도 알려 주고 좋은 팝송도 가르쳐 줬던 게 생생하다. 그때 음악 선생님이 가제보의 '아이 라이크 쇼팽 I Like Chopin'이라는 노래를 추천하면서 그 노래는 전주곡이 진짜 끝내준다고 평을 했다. 그런데 줄곧 드는 생각이 '아! 옛날이여'의 전주곡도 만만치 않다는 거였다.

# 독도는 우리땅

재경이 하면 늘 떠오르는 이미지는 아직 아스팔트 포장이 안 된 흙길, 신작로 한가운데서 '킹콩'처럼 가슴을 팡팡 쳤던 그 모습이다. 어찌 보면 킹콩을 좀 닮은 것도 같다.

재경이는 늘 배영호랑 같이 다녔다. 포상에는 한재경, 배영호, 권희욱, 양성남, 김규철 이렇게 다섯 명이 있었던 듯하다. 희욱이나 성남이의 동네는 소재리 쪽이었고 규철이는 하송이어서 꽤 거리가 있었다. 말이 한 동네지, 같은 동네로 보기는 어려웠기에 둘이 단짝으로 늘 다녔다.

재경이가 4학년 때 기적 같은 일이 벌어졌다. 재경이는 내 짝꿍이었던 듯하다. 아무튼 내 자리 근처에 앉았다. 2학기쯤이었나 공부의 수준이 확 어려워질 무렵이었다. 지금도 보면 3학년까지는 쉽다가 4학년부터 확 어려워져서 아이들의 성적이 차이가 나기 시작한다.

그 당시 김경찬이라고 봉곡 정미소 둘째 아들이 압도적인 차이로 1등을 했다. 내 기억으로 거의 100점 수준이었던 듯하다. 2등은 정기자, 3등이 나였던 것 같다. 그런데 어떤 과목의 시험에서 너무 어렵게 나왔던 거다. 기자와 나는 70여 점 받았다. 그런데 성적이 중간 정도 하는 재경이가 2등 했고 며칠 뒤 단상에 올라가 상까지 받았다.

그 일이 있고 나선 재경이가 딴사람이 됐다. 비교적 겸손한 아이였는데 기세등등하고 자신감이 넘쳤다. 나한테 네 눈은 왜 짝짝이냐고 막 막말을 던졌다.

그 당시 정광태의 '독도는 우리땅'이란 노래가 유행이었는데 재경이는 이 노래를 4절까지 외워서 잘 불렀다. 아마도 선산고 악대부 부원이었던 재경이 형의 영향을 받았을 거 같다. 재경이도 악대부에 들어가게 됐다. 그 당시 대부분 자의가 아닌 타의에 의해 악대부가 됐는데, 재경이는 악대부 생활을 즐기는 것 같았다. 멋진 하얀 제복을 입고 피리 느낌의 관악기를 볼 가득히 바람을 넣고선 불던 그 모습이 눈에 선하다.

# 넘사벽 1등

중1 때, 난 진짜 어리바리했다. 옥성면의 촌구석(덕촌국민학교)에서 읍내로 나왔더니 모든 게 신기하게 느껴졌다. 읍내라고 해 봐야 인구 2만 명 수준의 4동이 중심가를 이루고 있었고, 가장 높은 빌딩도 3층 수준이었지만 그땐 그랬다.

무엇보다 애들이 왜 이리 큰지 당황스러웠다. 나보다 작은 애도 있었고 비슷비슷한 애들도 적지는 않았지만, 고개를 들어야 대화가 가능한 애들이 제법 많았다. 난 아마 그때 키가 135센티미터 정도였다. 권준철도 키 번호가 58이나 59번쯤 됐으니 키가 165센티미터는 넘었을 거다. 담임 선생님과 키가 거의 비슷했는데 내게는 다 큰 어른으로 여겨질 만큼 정말 컸다.

쟤들은 도대체 뭘 먹고 저렇게 발육이 좋은지 이상했고 부러웠다. 그때 내 키 번호는 4번쯤. 난 늘 5번 안쪽이었다. 그런데 졸업할 때쯤 되니 다 도긴개긴, 오십보백보였다. 키가 거의 170센티미터 수준에서 수렴했다. 참 신기했다. 키 번호 1번을

단 한 번도 놓친 적 없던 엄은수도 170센티미터에 가까웠다.

우리 반에는 전교 1등이었던 황태호가 있었고 사실 그때만 해도 내게는 우상 같은 존재였다. 천지개벽해도 따라잡을 수 없을 것 같은 '넘사벽'이었다. 나의 목표는 2등이었는데, 다행히 2등은 가끔 했다. 내 점수는 92점, 태호는 98점 수준이었던 거 같다.

안호봉과 이용호도 같은 반이었다. 둘이 짝이었다. 키 번호가 대충 40번 수준이었다. 호봉이는 핸드볼 선수였는데 제일 왜소했다. 호봉이가 앞에 나와 노래하게 됐을 때 '섬집 아기'를 불렀다. 노랫말이 예쁘다고 생각했는데, 듣다 보니 참 구슬펐다.

호봉이와 용호는 키가 비슷했는데, 학년말이 됐을 때는 말도 안 되게 용호 키가 커 버렸다. 거의 몇 달 사이 10센티미터 이상 커진 셈이었다. 허리나 다리가 엿가락처럼 쭉 당긴 거 같았고 바람 불면 휘청일 것처럼 보였다. 그런데 그게 끝이었나 보다. 그 이후 고등학교에 올라가고 졸업할 때까지 용호는 174~175센티미터를 유지했기 때문이다. 반면, 휴지기(?)를 거친 호봉이는 나중에 키가 쑥쑥 커서 지금은 호봉이가 용호보다 10센티미터가량 더 클 듯싶다.

호봉이는 공부를 꽤 잘했다. 월말고사에서 90점은 거의 넘었던 거 같다. 그리고 반에서도 3~4등을 했다. 당시 나와 남동현, 임경규, 안호봉이 2위권 그룹을 형성하고 있었다.

호봉이는 눈꼬리가 처지는 눈매를 가져서 아주 착해 보이고 여자애들로부터 모성애를 자극하는 얼굴이었다. 미남이었고, 여고에서 호봉이의 인기가 꽤 높았다. 그게 참 부러웠다. 지금은 구미에서 건설업체 사장을 하고 있다고 들었다.

## 빙그레 요플레

용호는 숭선재(경북약국 도서관 이름) 멤버였다. 중간에 드문드문 다닌 거 같긴 한데 어쨌든 마지막 하이라이트였던 퇴실(?) 기념사진에는 찍혀 있다.

용호는 운동을 좋아했고 축구, 농구도 좀 했다. 축구팀에도 선발이 되어 그 넓은 운동장을 뛰어다니고, 패스 연습하는 장면도 기억난다. 농구 실력은 그다지 뛰어난 편이라 하기는 애매했고, 무엇보다 슛 폼이 굉장히 희한했다. 점프 슛 동작인데, 그 동작이 아주 역동적이었고, 요란했다. 어찌 보면, 점프 후 한 번 더 도약하려는 듯 보였고, 떨어지는 걸 버티려고 했다.

고3 때는 전교회장 출마를 했다. 성격도 활달했고 대인관계도 좋았다. 하지만 한 번도 반장을 해 본 경험이 없었고, 친화력이 뛰어나지는 않은 듯했다. 무엇보다 강력한 후보였던 서병수를 이길 수는 없었다. 그래서 병수가 전교 회장에 당선됐다.

용호 하면 생각나는 것은 '요플레'다. 중1 때였을 것이다. 중학교 때는 1학년 때만 같은 반이었고, 고등학교 때는 3년 내내 같은 반이 된 듯했다. 용호가 방과 후에는 우유와 요플레를 하나 먹는다고 했다. 우유를 1년에 한두 번 사 먹는 나로서는 요플레라니. 1983년에 출시된 빙그레 요플레는 내게 고급스러운 간식이었다. 용호 집은 꽤 사는 편이었다. 당시 완전동에는 2층 양옥집들이 나란히 지어져 있었는데 용호 집이 그중 하나였다. 아무튼 결핍은 집착을 만드는 것 같다. 나는 여전히 요플레를 좋아해서 어떨 때는 500밀리리터 큰 통을 그 자리에서 다 먹어 버린다.

그는 대구의 어느 전문대에 진학했다. 거기서 합창 동아리에 가입해서 아주 열심히 활동했고 아내도 만났다고 한다. 군대에 갔는데 아주 힘들었나 보다. 보통 선산 애들은 100퍼센트 방위로 근무했다. 방위 취약 지역이었고, 지켜야 할 '구미공업단지'가 있었기 때문이다. 그런데 현역으로 군대에 갔고, 최전방에서 생고생을 했던 모양이다.

몇 박 며칠 행군했던 경험담을 친구들을 볼 때마다 들려줬다. 물이 없어 논바닥의 물까지 마셨다는 고생담을 들려줬다. 그게 그의 인생을 바꿀지는 꿈에도 몰랐다. 그가 남들처럼 방위로 갔으면 그의 인생은 달라졌을 게 아주 분명했다.

# 날다람쥐 소년들

나를 포함해 동네 친구 여섯 명은 동네 뒷산을 그야말로 날다람쥐처럼 뛰어다니고, 붕붕 날아다녔다. 우리 뒷산도 해발 200~300미터 수준이었다. 수풀이 무성했던 무렵에 우리 여섯 명은 산 중턱에서 동네까지 뛰어서 내려왔다. 왜 그랬는지는 모르겠다. 당시 4학년 또는 5학년 때였는데, 우리의 혈기, 똘기는 하늘을 찔렀다. 가장 빨랐던 성호가 앞장을 섰는데 갑자기 전속력으로 뛰기 시작했다. 길이 있긴 했다. 하지만 나뭇가지들이 길을 약간 막고 있기도 했다. 길도 잘 닦였을 리 없는 산길이다.

나뭇가지에 스치기도 했고 부딪치기도 했다. 정말 순식간에 하산했다. 아무튼 함께 산을 질주했던 그 시절의 우리는 참 놀기 위해 태어난 듯 지냈다. 하루하루 재밌게 놀았다. 가끔은 두세 살 많은 형들이 우리를 방해하고 괴롭히기도 했다. 짓궂기는 했으나 악의는 없었다. 하지만 당시 우리는 너무 흥분했고 억울해했다. 그런 우리를 보고 또 얼마나 재미있다고 했을까 싶긴 하다.

네이버에서 봉곡리를 검색했더니 나온 사진이 딱 우리 동네다. 저 길을 따라 산 초입까지 올라가면 우리 집이다. '봉곡'이라는 이름은 봉황이 놀던 계곡이라는 의미에서 유래했다고 한다. 그리고 2동은 '무실'이라고 불렸다. 이것 또한 봉황과 관련이 있다. 봉황이 춤추며 놀다 날아간 곳이라는 뜻이란다.

## 니가 왜 거기서 나와?

트로트를 별로 안 좋아하지만, 임영웅, 영탁과 같은 가수들은 알고 있다. 영탁은 히트곡이 많은 듯하다. '니가 왜 거기서 나와'도 그중 하나다.

6학년의 가장 큰 사건들은 대부분 성식이와 관련되어 있었다. 그중 가장 충격적이면서도 재미있는 일화가 있다.

생각해 보면 작은 학교였지만, 여러 개의 건물이 있었다. 신작로에서 교문을 향해 올라가다 보면 왼편에 교장 선생님 관사가 있다. 그리고 운동장과 붙어 있는 앞 건물, 그 뒤에 또 하나 건물이 있고 제일 안쪽의 작은 건물이 있었다. 앞 건물 왼편에는 숙직실이 있었고, 그 옆으로 작은 건물은 학용품을 파는 가게였다. 그 옆에는 창고가 있었고 창고 옆에는 온실이 있었다. 거의 열 개 가까운 크고 작은 건물이 있는 셈이다.

앞 건물도 사실은 두 개의 건물이었다. 오른편은 6학년 1반과 2반이 있었다. 그리고 오른편 건물과 왼편 건물 사이에는 시멘트로 만든 통로가 있었는데, 한번은 이혜경 선생님이 거기서 크게 넘어지셨다. 급하게 뛰어가다가 문턱인가에 걸려서 꽈당 넘어지셨는데 정말 다행스럽게도 이렇다 할 찰과상도 입지 않았다. 왼편 건물에는 교무실과 그 옆의 과학실험실이 있었고 그 옆에는 도서관 겸 음악실이 있었다. 거기서 합창 연습을 지겹게 했다.

그날은 과학 시간이었다. 과학은 과학실험실에서 수업을 했는데, 그 당시 덕촌국민학교 시설물 중에 가장 훌륭했을 거 같다. 아무튼 선생님 자리는 당연히 칠판 바로 앞의 자리였다. 교탁 같은 게 있었는데, 그게 아주 큰 거였다. 교탁 세 개 정도를 붙여 놓은 듯했다. 아마 가운데 교탁은 중간 윗부분이 뻥 뚫려 있었고 왼편과 오른편의 교탁에는 상당히 큰 여닫이문이 있었다.

  수업 시작하기 전에 우리는 먼저 가서 각자의 자리에 앉았다. 수업 종이 울렸을 때, 선생님이 들어오셨던 거 같다. 그런데 성식이가 왼편 교탁의 여닫이문을 열고서 거기에 들어간 거다. 체구가 작은 편이라 꽤 유연했기 때문에 들어갈 수 있었을 거다.

  난 수업 전에 나올 줄 알았다. 그런데 성식이는 나올 생각을 안 했다. 그걸 나뿐 아니라 상당수 애들도 알았다. 교탁 미닫이 문을 열고 나오는 타이밍이 언제일지 제법 궁금해지고 약간의 긴장감도 느끼고 있었다. 아마도 수업이 진행된 지 몇 분이 지났을까? 난 5분 이상으로 느꼈는데, 그보다 더 짧았을 수도 있겠다. 성식이가 없다는 사실을 선생님은 알 리가 없었다. 30여 명 되는 인원이었고 자리도 우리 반 배치와는 달랐다.

얼마 지나지 않아서 성식이가 그 문을 쓱 열고 시커먼 머리를 들었다. 그때 이혜경 선생님의 '악' 하는 비명과 함께 표정이 잊히지 않는다. 안 그래도 하얀 얼굴이었는데, 새하얗게 변했다.

우리는 모두 깔깔대며 웃었다. 아마 그 수업의 절반은 그 일로 지나갔다. 선생님은 놀란 가슴을 진정하느라 고생 꽤 했을 거다. 나중에 선생님도 재미있어했던 거 같다. 성식이를 전혀 혼내지 않았던 건 확실하다. 거의 40년 가까운 교편생활 가운데 가장 기억에 남는 학교와 학생들이었을 거다.

# 싸움 서열 1위

경길이는 자타가 공인하는 서열 1위였다. 공부가 아닌 싸움에서다. 바로 싸움짱이었다. 일단 피지컬이 남달랐다. 키도 워낙 큰데다, 근육질이었다. 중학교에 들어와서 깜짝 놀란 것 중 하나는 친구들의 키였다. 덕촌에서 제일 키가 큰 애가 규철이었는데 규철이는 반에서 키 번호가 40번 대에 불과했었다. 한 반에 63명 안팎이었다.

당시 큰 애들은 165센티미터 이상이었던 거 같다. 나보다 머리 하나가 더 붙어 있었던 듯하다. 아무튼 키 큰 애들은 제법 많았지만, 대부분 엿가락을 쭉 당겨 놓은 느낌이 들 정도로 말랐다. 근육은 약간 붙어 있는 정도였다. 이에 반해 경길이는 아주 다부졌다. 게다가 핸드볼팀의 에이스까지 도맡았을 정도로 운동 신경도 좋았다.

압도적인 사이즈의 선산국민학교 싸움 대장이 전체 1등을 먹을 수밖에 없는 분위기였다. 내가 나온 덕촌국민학교는 6학년이 60여 명에 불과했고, 옥성국민학교, 예산국민학교, 황산국민학교 등도 도긴개긴이었을 것이다. 반면 선산국민학교는 열 개 반이 조금 넘는 수준이었던 걸로 기억하니, 싸움, 운동, 그리고 공부에서도 선산국민학교 출신이 최상위권을 휩쓴 듯했다.

경길이가 눈에 확 들어온 계기는 1학년 봄 소풍 때였다. 장기자랑이 있었는데, 그때 경길이가 '최진사댁 셋째 딸'을 불렀다. 우리 나이로 열네 살, 만으로는 아마도 열세 살에 불과했을 그 녀석이 너무 올드한 노래를 춤까지 춰 가면서 불러 분위기를 한껏 띄웠다.

고등학교는 아주 특이하게도 경북체고로 진학했다. 핸드볼 특기로 갔을 것이다. 그런데 얼마 뒤 선산고로 전학을 왔다. 꽤 특이한 일이었다. 부상 때문에 운동을 할 수 없게 됐던 것이다. 그리고 그곳에 있었던 일들에 관하여 주저리주저리 늘어놓았다. 제일 인상적인 건 피지컬이었다. 체고 학생들의 피지컬이 엄청나다고 했다. 팔뚝이나 허벅지가 굵은 건 당연하고, 몸들이 짐승 같다고 어찌나 과장했던지….

경길이는 안타깝게도 중학교 키로 끝난 듯했다. 나중에는 평범한 키가 됐고, 살이 잘 쪘다. 물만 먹어도 살찌는 체질이 되어 버려서 방심하면 금세 쪄 버렸다. 졸업 후엔 태권도학원 관장이 됐고 지금도 그런 걸로 알고 있다.

# 나의 화가 친구

중학교가 다섯 반이었고 대략 300명이 넘었다. 적지 않은 인원이다. 그런데 우리 선산고는 단 두 개반이었다. 200여 명은 다른 학교로 갔단 건데, 10여 명은 김천고로 갔고 30~40여 명은 구미고로 갔을 듯하다. 나머지 애들의 향방이 갑자기 무척 궁금해졌다.

경태는 고1 때 같은 반이 됐고, 같이 문과를 선택해서 결국 3년 내내 같은 반이 됐다. 공부도 제법 했다. 구미고를 갈 수도 있었지만, 선산에 남았다. 집안 형편이 별로 좋지 못했다는 건 최근 대화를 통해서 알게 됐다. 굳이 구미고를 갈 필요는 없었을 듯싶다.

경태가 그림에 소질이 있는지는 전혀 몰랐다. 중학교 시절에 그림으로 유명했던 친구가 둘 있었다. 규식이는 중2 때인가? 자기는 미술을 하면 안 된다는 '현타'가 왔다고 한다. 갑진이는 결국 건대 미대(디자인)로 진학했다.

경태는 키가 크고 마른 편이었다. 나중에 벌크업을 해서 근육도 많은 편이 됐고 힘도 세졌다. 고1 무렵에는 나와 팔씨름하면 비등비등했는데 고2 이후로는 상대가 되질 못했다.

늘 홍수랑 단짝처럼 다녔다. 나중에 본격적인 미대 입시를 준비하면서부터는 그러지 못했던 듯하다. 경태가 고2 때 큰 사고(?)를 쳤다. 경태 또한 숭선재 멤버였다. 당시 열심히 공부하라는 압박감을 주고자 바깥 현관문 셔터를 내려 버렸다. 한번 입실하면 못 나간다는 거다.

몹시 추운 어느 날 저녁이었다. 1988년 12월 중순 무렵이었을 듯하다. 그날 경태가 상식이를 데리고 숭선재로 온 거다. 그런데 그 짧은 시간에 셔터가 내려갔다. 둘이 꼼짝없이 감금(?)된 셈이다. 셔터는 11시가 되어야 올라간다.

참지 못한 둘은 2층 창문을 열고 뛰어내릴 결심을 했다. 3층도 아니고 2층이면 당연히 그럴 수 있다. 문제는 땅도 공기도 꽁꽁 언 그 날의 날씨였다. 창문을 열고선 둘이 창턱에 섰다. 다들 둘의 행동을 유심히 관찰(?)하며 구경하고 있었다.

상식이는 원래 운동 신경이 남달라서 길바닥을 향해 그대로 뛰어내렸다. 경태는 겁이 났는지 창틀을 잡고서(매달린 채) 뛰었다. 착지할 때는 몸을 비틀어서 정자세로 내릴 요량이었다. 이게 문제였다. 꽁꽁 언 바닥에 몸을 홱 비틀면서 착지했는데, 바닥에 닿자마자 악! 소리가 났다. 경태는 통증이 심해서 병원에 갔더니 다리뼈에 금이 갔다고 했다. 한동안 경태는 깁스하고 목발 신세를 졌다. 한두 달 그러다 끝날 줄 알았다. 깁스는 풀었지만 다리 통증은 있었다. 결국 경태는 절름발이가 됐다. 한순간의 치기 어린 행동으로 장애인이 된 듯했다. 안타깝고 측은했다.

다행히 몇 년 후 그는 다시 정상인이 되어 있었다. 충남대 미대를 갔고, 화가가 됐다. 2017년에 그가 인사동 경인미술관에서 작품 전시를 하게 됐다.
    나와 친구들은 격려차(?) 방문했다. 거기서 알게 된 건 한 번의 전시 비용이 천여만 원이라는 것이었다. 난 그를 도울 요량으로 그림 한 점을 샀다. 생각보다는 비쌌다. 그게 나를 미술품 콜렉터(아마추어이긴 하지만)로 이끌게 될 줄은 몰랐다.

# 탁월한 구기 종목 유전자

 준철이는 중1 때 우리 반이어서 꽤 친했던 것 같다. 우리 반에서 제일 키가 큰 듯했고, 핸드볼부의 에이스였으며 유달리 구기 종목을 좋아했고 잘했다.

 안경을 썼는데, 1학기 봄 무렵에 키가 엇비슷하게 큰 장인태와 한판 싸움이 붙었다. 안경을 벗어 놓고 싸웠다. 시작과 함께 인태는 울면서 펀치를 날렸다. 원래 싸움의 상대가 되지 않았다. 그런데 인태의 주먹이 준철이 코에 적중해서 코피가 터졌다. 원래 코피가 나거나 울면 싸움에서 진 거라는 불문율이 국민학교 시절에는 있었다.

 준철이와 인태는 나중에 반별 핸드볼 경기에서 출중한 실력을 뽐냈다. 인태는 주전 골키퍼는 아니었지만, 아주 놀라운 선방을 선보였다. 쟁쟁한 반(아마 경길이가 있던 1반)을 아슬아슬하게 이기고 우승했다.

 준철이는 고등학교에 들어와서는 테니스반에 들어가서 마

치 테니스 선수가 될 각오를 한 것처럼 열심히 운동했다. 생각해 보면 농구, 축구 등 준철이는 구기 종목에 탁월한 실력을 뽐냈다.

누군가가 하는 이야기를 들었는데, 준철이 아버지도 젊은 시절에 선산에서 운동 잘하기로 소문났었다고 했다. 확실히 유전은 무서운 듯하다.

준철이 어머니가 보험 영업을 했는데 아마도 영업소장이었던 듯하다. 그 사무실에 누나가 취직해서 한동안 다녔던 것 같다. 그래서 준철이가 내게는 좀 더 친근하게 여겨졌다.

# 무협에 빠지다

인태는 키가 아주 컸다. 그런데 중1 때도 그랬는데, 좀 어깨가 구부정했다. 그 어깨를 쫙 펴고 다녔다면 훨씬 더 커 보였을 듯하다.

인태는 꽤 순한 편으로 기억한다. 물론 중1 봄에 준철이에게 대든(?) 적이 있긴 했다. 선산고에 온 걸 보면, 공부는 중간 정도는 했을 것이다.

외모와 달리 운동 신경은 있는 편이었다. 달리기를 잘하거나 구기 종목을 잘하는 것 같지는 않아 보였다. 그런데 중1 때 반 대항 핸드볼 경기에서 골키퍼였는데, 정말 잘 막았다. 큰 키와 긴 팔로 웬만한 공을 다 막아 냈다. 몸은 꽤 유연해서 다리 찢기를 잘했다. 막다 보면 주로 손과 팔을 이용해서 많이 막기도 하지만, 발과 다리로 막기도 했다. 거의 180도에 가까운 다리 찢기를 이용해 기막힌 선방을 했다. 인태의 활약 덕에 우리 반은 우승했고, 그날의 영웅은 골잡이 준철보다는 인태가 된 듯했다.

고등학교 때의 그의 모습은 '독서'형 인간이었다. 물론 베스트셀러나 고전을 읽은 건 아니고, 거의 '무협지'였다. 온종일 무협지를 봤던 거 같다. 수업 시간에도 읽곤 했다. 가끔은 걸려서 책도 뺏겼을 것이다. 그는 앞 친구의 등짝 또는 큰 책을 방패 삼아 무협지를 읽었다. 《영웅문》과 비슷한 종류의 무협지를 꽤 읽었던 듯하다. 그때 공부와 담쌓은 애 중에 그런 애들이 흔하기도 했지만, 인태가 유독 기억에 남아 있다.

## 그 속에서 놀던
## 모든 순간이 봄이었다

**초판 1쇄 인쇄** 2024년 6월 3일
**초판 1쇄 발행** 2024년 6월 20일
**지은이** 택리지
**펴낸이** 배민수, 이진영
**기획·편집** 밀리&셀리
**마케팅** 태리
**펴낸곳** 테라코타  **출판등록** 2023년 1월 13일 제2024-000068호
**주소** 서울특별시 마포구 어울마당로 130 기린빌딩 3층 3604호
**메일** terracotta_book@naver.com
**인스타그램** @terracotta_book

ⓒ 택리지, 2024
ISBN 979-11-93540-10-7(04810)
　　　979-11-93540-09-1 (세트)

\* 이 책의 전부 또는 일부 내용을 재사용하려면 반드시 사전에 저작권자와
　테라코타의 동의를 받아야 합니다.
\* 인쇄·제작 및 유통상의 파본 도서는 구입하신 서점에서 바꿔드립니다.
\* 책값은 뒤표지에 있습니다.